我爱问连岳之

少年问答

5

连岳　著

译林出版社

图书在版编目（CIP）数据

我爱问连岳之少年问答. 5 / 连岳著. -- 南京 : 译林出版社, 2025. 6.（2025. 8重印） -- ISBN 978-7-5753-0644-7

I. G775-44

中国国家版本馆CIP数据核字第2025Q6B571号

我爱问连岳之少年问答5　连　岳／著

策　　划　郑燕平
责任编辑　李　蕊
装帧设计　谢　曼
校　　对　施雨嘉
责任印制　闻媛媛

出版发行　译林出版社
地　　址　南京市湖南路 1 号 A 楼
邮　　箱　yilin@yilin.com
网　　址　www.yilin.com
市场热线　025-86633278
排　　版　南京展望文化发展有限公司
印　　刷　江苏凤凰通达印刷有限公司
开　　本　890毫米 ×1240毫米 1/32
印　　张　8.125
插　　页　2
版　　次　2025 年 6 月第 1 版
印　　次　2025 年 8 月第 2 次印刷
书　　号　ISBN 978-7-5753-0644-7
定　　价　39.80 元

目录

1 觉得学习没用，我是坏孩子吗？

2 凡是我们经历的，都是我们成长的资源

3 “麻烦”的人际

4 怎样爱父母

5 只有爱，一个人是长不大的

1

觉得学习没用，我是坏孩子吗？

误把常态当变态的初中生

| 2024-04-02

连叔：

您好！

有个问题困扰我许久了，一直想向您请教。

我是一名初三女生，生活在广东，在一所公立学校上学，全年级大概有一千八百人。三年来大大小小十几次考试，有两次在一百名左右，其他的基本在三十多到五十多这一个区间。第一次模拟考刚刚结束，文科成绩应该还不错，能拉别人挺多分，但也有些连蒙带猜的水分在里面。理科就“拉垮”了，错了许多不该错的。整体来看，排名应该和以前相差不大。虽然离我想上的高中还有一大段距离，但已经能去不错的学校了。

注：本书读者来信均为真实来信，存在语言表达不尽规范之处，为反映来信者真实状态，编辑仅做适度调整。特此声明。

主要是，我现在有点不想更努力了。在家我总是被手机小说迷惑。周六补课前我尽量少看，但下午回到家后又会忘乎所以地看很久。不看感觉很累，看了身心更加疲惫。周天则开启疯狂赶作业模式。我感觉自己看不看小说全看心情，有时候也不看。在学校我在别人眼里算努力吧，边啃早餐边写作业，白天在教室里找到时间就学习，不跟别人闲聊，晚上写作业写到十一点多才睡觉。但也有缺点，上课容易走神，不会的题懒得找老师问。我在学校还是跟不上进度，只能周末追赶。

在学校能一点点改正缺点，我就满足了。该学习的时候我认真学，其他时间我不想分给学习。但我并不聪明，写一篇作文甚至要三四个小时；一道不会的数学题，看答案解析可以看一个多小时；拼尽全力写题（不是难题），脑瓜嗡嗡地疼，也不过刚赶上学霸的进度。有时候我会想，我跟学霸之间的差距或许不在天赋，而在细节上，抑或是意志上。

我有时觉得自己以后就那样了，从一开始的突出到泯然众人矣；有时又觉得自己前途无量，庆幸自己还年轻，有无限可能；有时又觉得当个普通人也挺好的，我有爱我的亲人，有朋友，还有一个美好的世界等着我去探索。当伟人也挺累的，需要承担的责任太多。我是应该拼一把呢，还是应该跟从前一样？我知道没有速成的办法，可这条路太长，路上的阻碍太大、诱惑太多，我能保持初心吗？

世界上虽然没有轻松的事，但有很多美好的事。时间长河滚滚流去，带走以前的辛苦，铸就今天，同时也一并带去以前短暂的欢愉，那么多快乐似乎毫无意义，虽然它们也确实发生存在过。妈妈说我想太多了，但我总想现在就知道答案。

唉，乱七八糟说了这么多，连叔别嫌弃。

唉，学习好累，我想玩。学习好累，但我想赢。

矛盾

* * *

矛盾：

半途而废，是一个原意已经完全消失的成语。现在指做到一半就放弃了。贬义词。它也可解释为路途若是很长，走累了可以休息一下，做褒义词。

“遵道而行，半途而废”，是最佳上进之路。“遵道而行”，表示方向对了。“半途而废”，表示节奏感控制得好，半途，努力走了一段长路（不是只走了几步，一小段路），力竭了，就休息一会，然后接着走下一段长路。

半途而废为什么从褒义词变成了贬义词？我估计有两个原

因：一是有人力竭了也不敢休息，最后走死了，路途却没有走完，毕竟人生的许多大任务，从求学、工作到家庭，没有哪个任务是能一口气走完的；二是有人休息后，因为舒服，就不继续走了，忘了自己的目标。强者容易犯第一个错误，弱者容易犯第二个错误。结果都一样，没走完。于是半途而废就成了贬义词。

所以，弱者要学会不过分休息，做一天事，休息六天，一生走不了几里。强者要学会休息，努力了六天，休息一天，这样才不会累死，走得完长征。你在一千八百名学生中长期排三五十名，当然是强者。你列举的一些情况，比如偶尔走神效率低，周六会看看手机，这都是身体正常的休息需求，是常态。你却把它当成大变态来看，害怕自己要完蛋了。知道它是常态，就不会怕了，就像知道饿了要吃饭，困了要睡觉一样，有什么可怕的？

你身边这些同学，现在成绩好的，就是一直好到考上北大清华，也未必能成伟人，甚至连普通人都当不好。现在成绩不好的，大学未必考得好的，难说就不能成伟人，能把普通的人生经营好的，更不会少。当伟人难，当好一个普通人也不容易。这两者有一个共同点，他们都有韧性，都择善固执。只要一件事是善的，那么，因为累了休息，因为处于瓶颈期、平台期，甚至因为误解诽谤阻挠打击——无论是什么原因——让自己显得停止不前，都不是他们放弃了，他们会一有力气就继续走。学习、成绩好不好不是最重要的，学到了择善固执是最重要的。

祝开心。

连岳

幸福一生的诸要素

| 2024-04-18

尊敬的连叔：

您好！

我是一个迷茫的县城姑娘，目前上初三。虽然我生活在小县城，但我觉得我是幸运的、幸福的。可能是因为我有一个幸福的家庭，被亲情之爱拥抱着吧，父母对我很好，尤其是母亲。他们都关注了您，还喜欢拜读您的文章，因此家里的书柜陈列了不少您的书籍。我发现连叔您真神，您的读者年龄大小不同，处境也都不同，但您却都能细答各种人包括我的问题。

话说回来，我的疑虑或许和大多数“少年问答”来信者的一样，是关于学习的。是的，我不是一个足够自律的学生，临近中考，我非常焦虑。

为什么说自己是幸运的呢？我有一个非常爱我的母亲，从小到大我哭闹、怨恨，她都不怕，严厉地维护原则，做辛苦的事。但她要管的不止我，还有我弟，我俩相差一岁。我弟是个调皮的孩子，我们见面一言不和就吵架、打架。我俩都挺大了，真是令人欲哭无泪，好在初中他在私立学校。

然后再说回来学习，我数学从小学三四年级就跟不上了，初中分数更难看，较好的语文也不见得很好。现在初三了，成绩依然位于中下游。只有最近体测100分的成绩，才让我有了些信心。除了体育，其他科目都让我倍感焦虑，而中考时我也不敢保证体育能考满分。

快要中考了，我的心却完全静不下来，想着未来总感迷茫。

在别人的印象里我是性格好、成绩蛮好、有特长的女孩，然而现在却面临考不上普高的问题（这也让大家着急）。我现在对学习是厌恶的，不，是恐惧，恐惧到无法面对。我恐惧被卷入窒息的氛围或沾染坏风气，恐惧身边失落、嫌弃的眼神……

我并非“出淤泥而不染”的体质，总容易受影响，想太多，学习上不在状态，提不起劲。我宁愿花精力干别的也不愿学习！（感叹号不是恶意的。）我知道我有一个很大的毛病——拖拉，从这封信就可体现。

我从很久以前就想写这封信了，直到现在才动笔。写完的感觉真好！

备考的时间真的很短了，我很讨厌这样堕落、差劲还有“摆烂”的心理。我该怎么办？

希望连叔百忙中抽空回下我的信！谢谢啦！

祝开心！

alone.

* * *

alone.：

看了你的来信，我对你的未来一点也不寒心，而是非常放心，因为你具备了幸福一生的诸要素。

一是你感恩。在压力这么大的情况下，你先感谢父母的努力，感谢他们创造了一个幸福的家庭。感恩是最大的学习能力。感恩的基础在于善于发现别人的优点。舜是中华民族的大圣人，他的起点很低，不过是乡间一野人，但是他只要看到别人身上的一个小优点，就会学习，所以他天天都在进步，最后得以治理天下。一般人常有的嫉妒、自卑，他是没有的，他只会欣赏与学习他人。你的父母出色，你天天耳濡目染，把父母的优点变成自己的，就是舜的学习方法。一个人天天只盯着父母的缺点，忽视他们的优点，那么，就丧失了学习能力，最后会变成一个充满怨恨、心胸狭隘的人。

二是你身体健康，体测100分。身体是最大的物质基础，不健康的话，人很辛苦的。健康一要感谢父母的好基因，二也说明你维护得好。一直保持身体健康是大能力。只要放纵，短短三个月，一个人的身体指标就能全亮起红灯。长期健康的人，一定值得高看一眼。

三是你有个弟弟，一生有人可分享、可分担、可牵挂、可依靠。姐弟小时候吵架打架是正常的，我和妹妹小时候也这样，现在感情好得很。所谓家人，就是吵不散，也打不散的。

四是你性格好。

你父母是好父母，把你人生的大原则立起来了。你也是好孩子。好孩子成绩不一定好。成绩是淘汰制中固定比例的依据。早个七八十年，识字，小学毕业，就是知识分子，因为多数人不识字。再过七八百年，人人都被教育得像爱因斯坦一样，好大学的录取率也就2%。成绩不是衡量一个人是否幸福、是否成功、是否负责的关键因素。我们要努力争取好成绩，但努力了成绩不好，也要释然。成绩不好的孩子，超过一半，是多数。因为成绩不好，就否定多数孩子，这世界怎么会好呢？

人生的任何一条路都有挑战，不要太焦虑，吃饭时好好吃，睡觉时好好睡，读书时好好读，和弟弟吵架也好好吵。放心，你的好人生基础有了，无论有没有考上普高，无论读了高中后有没有考上好大学，一生都会幸福的。

祝开心。

连岳

容易走神的孩子，如何考上好大学？

| 2024-06-05

连岳老师：

您好！

我妈妈是您的粉丝，给我买了您的《我爱问连岳之少年问答》（以下简称《少年问答》），妈妈还经常给我读您的文章，我觉得您是一个非常睿智的老师，我有个问题想请教您。

我是一名即将升入初中的六年级小学生。我原来是一名爱学习、勤奋努力的孩子，成绩都是班里前三名，一直是班里的纪律委员。但是自从步入了五年级，我就变得有一些懒，爱玩，心里老想着放松，不想学习，成绩也下滑了，到了六年级依旧如此。我原来连续五年都是三好学生，可是今年却没有获得。我感觉有些挫败，但我并不知道该怎么办。我很困惑，如果按照我这样子，升到初中，我会不会完成不了作业，成为不了班里的尖子生，上不了我心目中的大学？

我的目标是上浙大，至少是985、211大学。可是照这样下去，我害怕连一本都考不上。我知道我光嘴上说要考浙大，要考985，却一直没行动起来。我也很想行动，但我一坐到学习桌前，就胡思乱想、浮想联翩，一会儿摆弄我喜欢的卡片，一会儿摸摸那个喜欢的笔，一会儿又翻翻喜欢的侦探类书籍。我就是管不住自己偷懒，不能专心致志地学习。我真的不知道该怎么控制住自己这个劲儿。

爸爸妈妈也经常说我不应该走神，应该一心扑到学习上，在这么关键的小升初时期，更应该专心致志努力学习。老师也找我谈过话，可是我就是控制不住自己。有一段时间我改正了很多，但也只是坚持了一小段时间，就又回到了爱走神的状态。妈妈原来也会训我，最近她每天都写十句表扬我的话，我很高兴，我也想为了我的理想去努力。我怎么样才能管理好我自己，专心致志地学习呢？

睿智的连岳老师，请告诉我，我应该怎么办呢？

祝连岳老师身体健康，万事如意！

一个困惑的兔子

*　*　*

一个困惑的兔子：

确实，专注是学习的最核心技能，就像你经历的，专注力下降，学习就滑坡。人一辈子都是学习动物，在学校主要学各种理论知识，出学校学各种实践知识，不能专注的人，学什么都难成，能够专注的人，学什么都能成。就算是资质一般的人，只要能专注，“人一能之，己百之”，聪明人学一遍就会，我学百遍，也能学成。

专注并不难。你现在能坚持一段时间，这有什么难的？能坚持一段时间，就能坚持十段百段时间。做好以下几件事，专注力会更稳固一些。

一是一次只做一件事。为什么会说“专一”，不说“专二”“专三”？因为一才容易专，注意力的焦点只有一个。一次想做很多事，那就什么事也做不好。

一次只做一件事，对空间有要求。你处于一个杂乱的环境，干扰源很多，那么，就容易分心。就像你坐到学习桌前，一会摆弄卡片，一会玩笔，一会看侦探书。家里的学习桌上，只留下必需的东西。比如做语文作业，那学习桌上就只放语文课本及相关资料，一支笔和一个本子（最好是普通的笔和本子，不要花里胡哨的）。桌上不应有卡片、课外书，连书包也要放到眼睛看不见的地方。语文作业做完了，起身去换取其他作业（这样还可以避免久坐）。顺便也对家长们说一句，现在居住环境更紧凑（尤其是城市），孩子在学习时，家里不要大声放手机短视频或电视，否则必然干扰孩子，剥夺其专注力。家有网瘾老人实在忍不住，这段时间可以出门溜达。

一次只做一件事，对时间也有要求。把我们每天要做的事，高度程序化，最后形成条件反射。学生每天的事，相对固定，更容易程序化。第一时间，几点至几点，做数学；第二时间，几点至几点，做语文；第三时间，几点至几点……依此类推。这样就不用做选择，一做选择，不管是多小的选择，心里也会比较、犹豫，从而走神，甚至会借此偷懒。我每天会把最重要的工作——写文章——设成早起的第一件事，一起床就做，没有犹豫，没有选择，必须完成。做完后一天都很愉快。如果时间不固定，拖到下午、晚上，那一天都心神不定，其他事也做不好，就是玩也玩不开心。玩，也是需要专注的。

一次做一件事，最好有奖励，对孩子尤其要如此。学习任务完成后，到你上床前的半个小时，设一段时间，比如半个、一个小时，你可以尽情地玩卡片、看课外书，做自己喜欢的事。所有的时间都在学习，以为“不浪费”，其实是把生活搞得没有盼头，反正怎么样都是学习，那肯定容易拖拖拉拉，不甘不愿。无论是家长安排孩子学习，还是孩子自我安排，都不能犯这种错误。没有休息的学习，就等于没有学习的休息。

祝开心。

连岳

人生应该善于“跟着走”，少做选择

| 2024-09-22

连叔：

您好！我是一个十八线小城的“高四”在读学生，因为参加学校组织的运动会受伤了，所以高一休学了一年。我妈是高中教师，现在是我的班主任，她在我初中时就给我买过《少年问答》，也给我推荐过您的公众号，但那时我和她不对付，并没有全部认真看过。从读过的一些篇章中，我感觉您很有智慧，值得信赖。我承认我妈妈很优秀，对自己也比较严格。在我小的时候她对我期望很高，现在有些变化，她嘴上不对我提要求，其实我能感觉到她有攀比心理（她同事的孩子成绩都比较好）。我爸是国企中层，对我比较包容，我们还比较谈得来，但有些话我并不愿意跟他讲，他很爱讲一些大道理。所以冒昧给您写信，说说我的烦恼。我真的太苦恼了。万分期待您的回信。

学校马上要组织高三起点考试了，可我最近每天都失眠到一两点多，有时候翻来覆去睡不着，我不知道我该怎么度过高三，我感觉自己的压力特别特别大。本来我就比别人多读一年，觉得自己应该更好一点，但是知识没办法进到脑子里，理解东西很快，忘东西也很快。我不知道怎么向爸妈交差（虽然他们说只要我努力了，考什么学校他们都能接受），我不知道能不能考上一个好的学校，也不知道未来对我来说是什么样子的。我每天都想得特别特别多，一闭上眼睛就是这样那样的事情，完全没办法静下心来睡觉。到了学校又是浑浑噩噩过一天，想学但是学不进去，坐在座位上就感觉一阵一阵地躁动不安。

这几天老是反胃，我也不知道为什么，只是待着就感觉肚子里翻江倒海的。有时候一道题做不好就陷入死胡同，一直不停地尝试，但就是做不出来，脑袋特别特别疼、特别特别昏。看到有些同学做题得心应手，我又着急，越着急越做不好。我也不知道该怎么改变现在的状态。明明很多知识点看几遍就会了，但是静不下心来。

我在班上有一个女朋友，她刚开始成绩也是中等偏后，现在越来越优秀，每次考试都在进步，已经两次考到班级前十了。我也想变优秀，但不知道怎么办，很多事情都只能坚持一阵。

我从上高中开始直到现在，一直都感觉在绷着。在学校里感觉特别特别迷茫，学这个学那个，每天都很忙，但是不知道在忙什么，往往过了一天什么收获都没有，于是越来越沉浸在自己的世界里（我是走读生，中午、晚上回家都会玩手机、打游戏），每天还会发呆很久。现在我对好多事情都提不起兴趣，有种麻木的感觉，有时候跟着别人笑了半天，又不知道在笑什么。我不知道怎么让自己更积极地学下去，每天都感觉特别特别累。我不知道我还有没有机会争取到我想要的未来。

连叔，我真的太痛苦了。我知道这是内耗，可是我控制不住自己。还有最为关键的高三一年，我该怎么度过？

期待您指点迷津，或者您把我骂醒也好。

一个迷茫痛苦的高三男生

* * *

一个迷茫痛苦的高三男生：

你是一个比较幸运的高三生。

一是父母确实对你宽容。宽容不意味着没期望。没期望是放弃，宽容是你没达到期望，仍然接受你、支持你。

二是你有一个优秀的女朋友。她的成绩不停地上升，你自然可以向她请教学习方法，同时还能谈恋爱，一箭双雕。这是多么健康的情感加深方式。

对所有的高三生来说，这一年很难，也很容易。

说难，是因为它是人生的一次重大考验，强度高、压力大、时间长，你的种种不舒服并不特殊，几乎会出现在每一个高三生身上。能熬过去，人就仿佛重组了，会变成一个新人，就像从太上老君的炼丹炉中出来的孙悟空一样。也有极少数人熬不住，身体或精神出现一点问题。这种“高三时刻”，在人生还会多次出现，因为人生的重大考验不止这一次，至少还有三五次，高三的炼丹炉炼过，以后就不怕了。

说容易，那是因为高三不必选择。当邓小平被问到长征中在想什么时，他说“跟着走”。重要时刻，需要做出重大决策时，我们要做的就是“跟着走”。高三就是如此——跟着老师布置走，上课下课；跟着昼夜节律走，吃饭睡觉；跟着记忆规律走，背了会忘，忘了再背。其他的，不必想。就这么一天天过，过到高考结束。

人生，并不需要追求天天做选择，事事做选择。选择伴随着混乱、内耗、错误，成本很高。人生应该善于“跟着走”，少做选择。无数他人的经验证明过的方向、路线、节奏，我们“跟着走”，事半功倍。所以，一些似乎“笨笨”的人，什么年纪做什么事，不逃避，不多想，一生什么事也没耽误，很圆满。一些似乎聪明的人，事事都要逆反一下，拳打脚踢，折腾得很，一生什么也没做成，太幻灭。自谦者活，自大者死。因为自谦者善于汲取众人智慧，而自大者只想表演自己的“聪明”。

最后，我觉得高三生并没有必要天天用手机，尤其你是用来打游戏，周末用几个小时足矣。如果你管不住自己，就把手机交给父母代管。现在分出一个人高下的，往往就看他是被手机控制，还是能控制手机。

祝开心。

连岳

真正可怕的“卷”，是不知道自己在“卷”

| 2024-11-10

连叔：

展信佳！

我先自我介绍一下吧！我是一个六年级的女生，在同学们面前是个性格非常好的人，但一回家我就不太开心，因为——累！我说句实话吧，我其实挺喜欢写作业的，但我的同学、朋友们都很讨厌写作业，我拿到喜欢科目的作业时会莫名地开心……这一点让我看起来有点不合群。而且，她们讨厌考试，而我却很期待。当考试成绩出来时我也很开心，无论坏与好，都感觉自己的努力有所回报（虽然时好时坏）。

虽然不讨厌学习和写作业，可有时，一放学回到家我就没精神了，因为好累。学校离我家较远，坐车回到家差不多7点多了，吃完晚饭已经8点了！那能咋办？快去写作业呗！我在学校里会做一点作业，但回家还得把剩下的作业写完。此时，已经9点半了，再七七八八搞完，上床睡觉时已经是11点多了。

对了，我就读的小学是镇上的一所中心小学，不算太差，但还是跟市里面的小学有不小差距。我的父母为了让我能接受更好的教育，把户口转到了市区（我现居的地方）。他们真是一对伟大的父母！

是的，市区里有更好的中学，这就意味着也会有更好的学生。升入六年级，我的成绩有所下滑。我越来越多地从父母口中听到市区的学生很“卷”，初中生已经在自学高中的内容了，很多人都上补习班……听到父母在我耳边唠叨这些，渐渐地我也感到了焦虑。我是一个自律性比较差的学生，学习没有什么计划性，常常满足于把作业写完就完事。虽然在我的同学眼中，我现在成绩还不错，他们有的甚至说我是大学霸，但我知道自己的缺点。这两次考试我都没发挥好，我甚至不忍直视自己的成绩。要是升上初中了真如我父母说的那样，那该咋办？要么以后一头扎进学习的海洋里，两耳不闻窗外事；要么以后日子照样过，等着被他们活生生“卷死”？我其实很想选第一个，但脑海里总有一个可怕的声音响起：怕什么？初中的事以后再想，先玩够了再说！身体本能地选了第二种。每当玩完清醒后，就不知咋地，很难受！我又很怕上初中后明明自己已经很努力了，可考出来的最高分数是别人的最低分数的感觉……我的毅力又不够，好怕上初中后我会随时跟不上——写不完作业，考不及格……现在我觉得很苦恼，求连叔指导！

祝连叔连婶幸福快乐每一天！

还不会飞的鸟

* * *

还不会飞的鸟：

一个孩子成绩好，三个要素：天赋、勤奋、科学的教育。

现在所谓的"卷"，拼的就是这三个要素中的勤奋。一是体现在极大地压缩孩子的休息、运动时间，每天学习到深夜，周末则上各种补习班；二是拔苗助长，像你描述的，初中学高中的课程。这种"卷"，拼命刷题，暂时或许有好成绩（这也是很多家长为此上瘾的原因），孩子也能体现出某种聪明：幼儿园会小学的内容，小学会初中的内容，初中会高中的内容。孩子一被夸，虚荣心一上来，也会呈现出某种上瘾。但长期来看，这种"卷"恰恰违背了教育的科学性，又摧毁孩子的天赋，因小失大，得不偿失。

给孩子留足够的运动与休息时间，是教育科学性的要求之一。休息不好、不足，运动量不够，对孩子的脑部发育是有害的。

睡得好，则身体好，心情好，足够的运动又能提升睡眠质量，这是从人出生的第一天起就起作用的成长规律。所有父母都不会把几个月大的小婴儿摇醒教授知识，他们知道婴儿的睡眠很重要。遗憾的是，孩子一上学，他们就忘了这点。教育内容与年龄匹配，是教育科学性的要求之二。也就是说，幼儿园就学幼儿园的内容，不要学小学的内容，小学就学小学的内容，不要学初中的内容，依此类推。提前学习，好高骛远，既损害对当下知识的吸收，又没有学透未来的知识，更不匹配孩子的成长规律。

违背教育科学性的“卷”，过度勤奋，过犹不及，还不如不那么勤奋。这种“卷”，实质上就是花大钱请人摧残自己的孩子。

一个小学生，认真上课，按时完成作业，足够了。像你这样，喜欢做作业，每天11点才睡，如果我是你的父母，反而要给你踩踩刹车，因为你睡得太迟，已经太兴奋，速度太快，不利于长期学习。

你现在做得足够好了。某种程度上说，你已是“卷”王，不宜再上强度。

祝开心。

连岳

初一新生的双重危机

| 2024-11-24

岳叔：

您好，我是一名初一新生，我看了您写的《少年问答》第一本和第四本，我觉得我很需要您的帮助。

我刚开始上初一时非常不适应，常常因为小学基础没打好，初中跟不上而每天晚上内耗崩溃哭泣。我们小升初分班是按照六下全市期末统考的成绩分的，除了尖子班其他普通班都打乱分，我被分到了最差的班级，差生很多，我们班小测和期中考各个科目都是垫底的。我小学时因为没有努力学习，严重偏科英语。其他科刚开始还算是偏中等的，但后面我越来越“摆烂”，不想学习，除了英语其他科目的成绩极速下降。我还被老师冤枉了，我非常难受，不明白为什么老师更相信那些成绩优异的学生。当时有很多朋友安慰我，朋友们的成绩都偏中上，甚至有些还是尖子生，她们拿奖时我非常羡慕。我道理都懂但就是想“摆烂”，所以在六下期末统考时，除了英语和科学，其他两科发挥得特别差，最后期末总分是B。

我没能进入尖子班，因为我们初中的尖子班需要期末总分达到A及以上才能进。我有个很要好的小学朋友，她现在和我在同一个初中，她进了尖子班。我们虽然可以每天一起放学回家，也可以经常一起去食堂吃饭，但我们不在一个班，时常会非常想念对方。我常常很自责，为什么小学的时候不努力一把，把不会的知识搞懂。但是我后悔也没用了，因为我要在这个差班待上三年了。我很想变得像朋友那样优秀，我也想有个和朋友一样好的学习环境。该怎么做我都懂，但我即使每天计划好了要做什么，也总是迟迟行动不起来，最后还是浑浑噩噩地过完一天。

我还喜欢上了现在班上的一个男生，他大多数科目的成绩没有我好，家里管得严，但他比我高，长得好看，我也很喜欢他的性格。刚开始他不接受我的喜欢，后面好不容易被我追上了。我们学校严禁谈恋爱，一经发现就告诉家长，可我还是不顾一切跟他谈了恋爱。但是平时相处时都是我主动去找他，他有空的时候找朋友也不会找我。在这段关系中，我一直很被动。没过几天他就给我写了张纸条，说分手吧，他想一个人，不想谈了。我内心迟迟无法平静。朋友们跟我说不值得，一直安慰我。我本来想开了点，但回学校看到他时还是觉得放不下他，很喜欢他。他后来给我发消息说是因为他成绩差，家长发现他谈恋爱了。他又想复合，可是那又关我什么事，在他没解释清楚的那几天，我哭了好久，我觉得他在玩弄我的感情。后来我找他复合，但他又突然说要考虑，想谈又不想谈。我朋友都说他在玩我，让我不要找他复合。而且学姐都说初一先不要谈恋爱，因为有可能会影响学习。我现在不知道该怎么办了。

祝岳叔天天开心。

小英英

* * *

小英英：

你的来信，显示你的文字能力强，至少语文基础不错。在学业上可以先选择单科突破的策略，把语文成绩提升至班级前几名，甚至年级前几名，这样就会给老师同学留下一定的印象。当有一两篇作文成了范文，被老师表扬过，在课堂上念过，同学们就会觉得“此人好厉害”。

单科突破，并不是说其他科就放弃，其他科也得保持平均水平，这样一是总分可靠前，二是从学语文中得出的学习方法、学习心得也可用于其他科，将平均分再往上提一提，一科科突破，最后总分也会提升。当然，你也可以选择你偏科的英语突破，可能见效更快。或者，能做到语文英语两科一起突破，更好。具体操作，你自己可以根据实际调整。

学习这事，并不是一开始领先的最聪明的孩子必然赢，最后的优胜者中往往有不那么聪明的，但是最有耐心的孩子。耐心要怎么练出来呢？恰恰要靠输。怎么输都不放弃，从大输到小输，从小输到不输，从不输到小赢，从小赢到大赢，其中又有多次反复，这样练出来的耐心，将使一个人越来越聪明。聪明不能只靠天生，更多是靠练。你有一个在尖子班的好朋友，你不嫉妒她，天天和她在一起，她可以给你一定的“输感”，磨你的耐心。人能交比自己强的朋友，是很大的本事。

恋爱这种事，或者说，朦朦胧胧对异性的好感，当它发生时，是禁止不住的。发生了，就把它处理好。我有几个建议：一是不要太高调，学校既然有禁令，还是不要搞得通知家长为好，你不怕压力，男同学怕呀，悄悄地喜欢才长久。二是不要强迫，爱哪有强迫的？主动并不等于强迫。三是要知道爱有特权的成分。成绩差的小女生谈恋爱，老师的印象就是“小太妹”，反应就是“叫家长，别影响其他人”；成绩好的小女生谈恋爱，而且成绩不受影响，老师家长可能就睁一只眼闭一只眼，选择远远地观察你、保护你。人还是要有实力，学生的实力，主要就是成绩。想要恋爱谈得好，先把成绩搞好，才能走出一条可行之路。

祝开心。

连岳

怀疑世界是假的，不想努力了

| 2024-12-01

连叔：

您好！

我是一名初三生，有些问题想咨询您，希望您能帮我解答一下。谢谢。

我时常在想这个世界会不会是假的，如果是假的，那么学习有什么意义？那么累；但是我又清楚地知道我还是得学习，所以我每天只是像个机器一样学习。我已经失去了刷题的乐趣，而且我经常在刷题中分神想这个问题。我感觉每天学习效率很低，又很焦虑我的成绩，我的成绩特别不稳定。而且连叔你知道吗，我甚至在上课时都会分神想这个，学习效率极低。唉，还有我们早训的时候，我的脑子就一直在想：这个世界是不是假的，为什么我会活在这里，为什么我是我，别人是别人，我死后会去哪……这种情况已经持续三周了。我对生活学习完全没有兴趣了，每天都很累很烦。我在学校也没朋友交流，我和我爷爷爸爸说，他们说我想多了。我也不想想的，但我一直陷在里面，走不出来。我真的很讨厌这个想法，它已经严重影响我的生活了。我还会想为什么我以前没有想这些东西，现在却一直想，我不会是被别人操控了吧。如果真是这样，那生命又有什么意义呢？越想越诡异，越想越烦，学习学不下去，每天都浑浑噩噩的。

连叔，可能你觉得我只是在胡思乱想，可是我不知道怎么走出来，我已经尽我最大的努力想自己走出来，但我发现我越陷越深。您能帮我解决这个苦恼吗？我真的很难受。您能骂醒我，让相信这个世界是真的，让我好好生活吗？

祝您身体健康！

LN

* * *

LN：

你这不是胡思乱想，你是在思考哲学问题。

哲学是统摄一切的，人应该学点哲学。不学哲学的人，生活是混乱的。高中课程会涉及哲学，到时候好好学。

今天先和你简单讲一下。

哲学最基本的问题，就是世界是由什么构成的。无数多的哲学流派，在这个问题上，只持两种观点。一是认为世界是由物质构成的，人的意识是物质的产物，这是唯物主义。二是认为世界是由意识构成的，人和物受这种意识的控制，这是唯心主义。

你怀疑世界是假的，这可以划归为经典型的唯心主义，即世界是某种更高意识创造的。这种造物主，原来说是神，现在时髦的说法，说是超级程序，你我都是程序虚拟出来的，但都是同一回事。唯心主义，想一出是一出，显得丰富多彩，以后还会有各种说法。人很容易被唯心主义迷惑。

唯物主义朴实很多，也很容易证明。你不吃饭就会饿，现在是冬天，在中国的大多数地区，不穿衣就会冷。靠想就饱、就暖，那是不可能的。你不信可以马上求证一下。唯物主义最终要求人讲证据，有什么想法都可以，但要能证明才算是真实。因为遵循唯物主义，才有科学的发展。实事求是，没有调查就没有发言权，具体问题具体分析——重视这些态度与方法，都是由于承认唯物主义。

当然，一篇短短的文章，未必能够说服你。一个人成为唯物主义者，是一个漫长的学习与实践过程，中间可能还有反复。

退一万步说，就算不要你证明（许多人想证明，但结局永远是拿不出证据）这世界是假的，但不食就会饿，不衣就会冷，成绩好就会开心，爸爸的爸爸是爷爷，这些规律也在真实地起作用。顺应这些规律，你会更幸福。很多唯心主义者，求神问卜，最后的诉求也是升官发财考试满分之类的物质好处。你若能证明世界是假的，那真是古往今来第一哲学家，但这更需要你努力学习。所以，无论世界真假，好好学习都是最好的选择。

祝开心。

连岳

觉得读书没用，不想吃饭，不想和人交流，我是坏孩子吗？

| 2024-12-29

连叔：

您好！

我是一个高一学生，由于一些原因在家休息。我有一些疑惑，我认为您是一位智者，希望您能为我解答。最近我对学习产生了怀疑，开始思考学习是否有用。人这一生满打满算才一百年，学习至少占了1/5，现在的学历也在不断贬值，等我们长大后，研究生遍地走，那我们只能不断提高学历，这么一想我就开始思考，学习真的有用吗？我开始茫然，书也看不进去了。

我的身体不是很好，因疫情，从初二开始休了一年多的学，也不是什么大病，就是发烧38度多退不下去。于是我开始在各大医院徘徊，最后就入了中医的大门，开始调养身体。看着妈妈的头发一根根变白，还有她肿胀的眼眶，泛红的眼睛和浓浓的黑眼圈，我是愧疚的。妈妈是个大学生，离婚后为了照顾我和妹妹回了老家，一个人拉扯我们长大，我很爱妈妈，想为她减轻负担。我和妹妹都是内向的人，没什么朋友，上了初中后，我们被分到了好班，老师是教导主任，分外严格，一下课，只有10分钟的时间吃饭。最后经过半年努力我考上了一所私立高中，妹妹分不够去了二中。

上了高中，我发现和同学没有任何共同话题，宿舍的女生们都聊些美瞳、化妆、小说之类的事。她们还相互打闹，吹口哨，随地扔垃圾。我什么都不知道，也不能理解她们。同学们都热情快乐如朝阳，我觉得我就像一只丑小鸭混入了一群白天鹅中，我感到自卑，我开始犯恶心，不想吃饭，不和任何人交流。很快我就回了家，在家里崩溃一通。我开始害怕学校，我不知道该怎么办，我开始茫然。我在家待着，帮妈妈做一些力所能及的事情。但不学习又有负罪感，上私立高中，学费半年就要两万多，还不算吃饭。妈妈说家里不缺这些钱，但我还是觉得愧疚，高一这半学期我都没怎么上课，我害怕学校，我是一个坏孩子吗？

一转眼在家里又待了一个星期，后天有一个联考，我打算去考一下。信写得有些乱，请见谅。

我从小就看您的文章，希望能得到您的回复。祝连叔和连叔的家人身体健康，万事胜意！

一个迷茫的坏女孩

* * *

一个迷茫的坏女孩：

你当然不是坏孩子。我也不认为你描述的同学们是坏孩子。

一个人是好是坏，多好多坏，要死的时候才有定论，即所谓的“盖棺论定”。有些伟大人物，盖棺也定不了论。因为他做的事，当代人一时理解不了，甚至之后的许多代人都理解不了，可能把他做的好事当成了坏事。只有时间足够久，正反经验足够多，人们才能逐渐理解。

当然，一般人没那么复杂深奥，到了你妈妈那个年龄，就大致有了判断准则。有些小时候成绩好的孩子，未必是好人，许多小时候成绩不好的孩子，却是好人。有些人聪明得读了北大清华，却对父母不孝，对国家不忠，吴谢宇甚至把妈妈杀掉。这样的人，成绩越好、越聪明，就越能干坏事。决定一个人好坏的，是看他能不能负责任。什么叫负责任？负责任是能体会到他人的付出与爱，能回报他人的付出与爱，是知道自己对亲人、对他人有一定的义务。你妈妈就是一个负责任的好榜样，她一人带着两个孩子，孩子的学习都遇到了挑战，你的身体还不太好。她陪你看病，接受你“崩溃”回家不上学，安慰你家里不缺半年两万多的学费。任何人代入一下，都会知道，你妈妈很了不起，也承受了巨大的压力。可她并没有想，我这么努力有什么用呢？我的孩子并没有更健康、更聪明。一个妈妈因为孩子不够出色就放弃孩子，就相当于一个孩子因为自己读书不好就放弃学习。一个人尽自己的能力学习，就是负责任。你的能力只能达到70分，那考70分就是非常负责任。你的能力是90分，但偷懒只考80分，就是不负责任。像你所说的，人一生有20%的时间待在学校，但主要目的不是考高分和拿文凭，而是“尽力而为负责任”。一旦成为这样的人，无论成绩好坏，一生都是踏实的、幸福的、受人尊重的，当然，也必是一个好人。

我觉得，你也是负责任的。你生病，但你恢复了健康。你害怕上学，但你还是去上学了，读了高中。你“崩溃”回家，但你做力所能及的事。你一直给自己和妈妈保留了希望。你现在能量很小，火苗很弱，但只要不熄灭，就可能慢慢变强。在高中无法适应住宿，那就走读。这次如果坚持一个月，下次就争取坚持两个月。突破自己，就是负责任。最后，你就会成为你妈妈那样的好人。

祝开心。

连岳

成绩下滑后，我陷入了内耗

| 2024-12-30

连叔：

你好！

这是我第一次给别人发邮件，如果有什么格式上的错误，还请您见谅！

我是一个来自贵阳的高二学生，一个开朗活泼的女生。在上周的一个晚自习，我又一次内耗了。原因也很简单，我们进行了一次月考，我的成绩又下滑了。我一直安慰自己，没关系的，下一次努力就好了，但依旧没有什么作用。那一次内耗，我认真思考了自己的问题。大家都说我是一个乐观的女生，我也是这么认为的，可这次，我却发现了不对劲，我在每一次自我安慰之后，并没有改掉坏习惯。我深深反思，这叫乐观吗？真正的乐观是什么？那一次我明白了，我一直都是假乐观，真正的乐观应该是，不为洒了的牛奶哭泣，并且在下一次真正拿稳它，而不应该像我，口头说要保护它，但在下一次依旧无所作为。有种米考伯主义的感觉，像一个赌徒一样，赌前信心满满，赌后痛哭流涕，结果还是去赌。只不过真正的赌徒是赌钱，而我很清楚地知道，我是赌我的未来。

好啦，问题知道了，该怎么改呢？这也正是我写邮件给您的主要原因。我很清楚我应该努力学习，可就是因为懒惰，我始终没有取得什么大的成果，总是在舒适圈里固步自封。我是一个循规蹈矩的人，在一些事上，我需要别人很清晰地告诉我该怎么做，我才能找到方向。但有时候我又很随心所欲，不想做、不喜欢做的事情我便不会主动完成。我知道这样不好，可就是改不了。这样突然醒悟要努力学习的情况，已经发生过很多次了。我不知道这一次反思后做出的改变能不能坚持到下一个星期，甚至都到不了下个星期。在有些时候，我很了解自己。我喜欢看小说，常常一看就无法自拔，深夜通宵也有，然后第二天又会后悔，为什么不好好睡觉，结果当天晚上还是一样熬夜，一点改变都没有。我想改掉这个坏习惯，可我的自制力实在是太差了，希望您可以帮我（最好是有一些具体方法）。

自从上了高中后，我的脾气就变差了很多，我也不知道具体是什么原因。我会因为一些很小的细节大发雷霆，就比如上上周日，我要返校了，突然发现原本干净的冬季校服变脏了（可以擦干净的，就是比较麻烦），我就很生气，气到不想上学，单方面冲父母发了火。但当我一个人冷静下来后，又独自流泪，觉得自己不该乱发脾气。大概是因为考试没考好，累积的情绪在此刻爆发。我发现自己不再像之前一样心平气和了。

我的父母管得很严，以至于到高二了，我都没有属于自己的智能手机。给您写邮件前，才和他们吵过架。我妈妈是知道您的，也同意我给您写邮件，但她却不愿意给我自由的空间，觉得我用电子产品就是为了玩。我也一直努力改变自我形象——之前我玩电子产品玩得太过分了，甚至自己偷偷买过两个手机被发现了，她知道我看小说看得走火入魔——主动用手机平板上网课，可他们还是对我不放心。后来我开始在B站上找古代诗人的历史生平，了解他们的人生。我觉得这个习惯挺好的，不仅满足了个人爱好，还可以积累语文素材，一箭双雕。可我妈妈却不满意，她说我一天到晚不知道学习，可我真正学习时，她却不相信。我不知道她为什么这样。我真正努力时父母总是吝啬鼓励和表扬，总是让我反思错误。

有一个很奇怪的现象，我初中时一直是班里的第一——卷子都很难，分数不高——但他们对我从来没有过多的表扬，总是拿我的短处对照别人的长处，对我的长处就轻描淡写，常常让我受挫。

我知道他们是怕我骄傲，可他们不知道，接二连三的否定让我在高一时厌恶学习，觉得学了也是这样，不学也是这样，倒不如不学，这样的想法到了高二才有些许转变。到了我弟弟，情况也没有改变。他是重点班的学生，分数挺高，可排名不怎么样，我爸妈依旧不满意。我不明白他们到底是分数论还是排名论，大概是唯错论吧。

我的家庭和睦，父母很爱我，我也很爱他们，可他们的话语总是让我难过。我之前还有过“要不让一切都结束吧”的可怕念头，但我明白不能这样做，我身上也有必须要承担的责任，那是一个人来到世界上必须要承担的东西，不可忽视。

最后，感谢连叔的阅读，也真心希望您可以帮助我。祝您身体健康，工作顺利。

一个高二女生

* * *

一个高二女生：

一个高中生如果考过第一，那么，他就一定会再考第一。为什么？因为考第一的感觉太爽了。

一个能考第一的高中生，他的生存环境越恶劣，其他方面越受挫，他一定越会保住第一。因为这才能拯救他，因为这才是他对人生可掌握的部分。

一个高中生考不了第一，学习不好，并非是他不想，而是他不能。高中不属于义务教育，本质上是精英选拔教育，要在其中挑选出最出色的一群苗子在将来的几十年建设、引领这个国家。这样的苗子自然不可能随随便便、轻轻松松长成，而是必须要经历痛苦、挫败、九死一生。高中对人的素质要求也更全面。首先是智力，高中课程的难度急剧提升，将淘汰一批只会努力的孩子，智力达不到，怎么努力也没用；其次是耐力，智力达标，但聪明一时没有大用，你得聪明三年才能成功，必须高效地、长久地使用自己的智力资源，这很累，反熵、反人性，所以就需要你自律。自律差一些，得接受他律，体现为遵守老师及父母制定的纪律，服从他们的约束。

智力基本是先天的，而耐力基本是后天的。所以那些智力达标的高中生，拼的就是耐力。最后有两类人胜出。第一类是高度自律的孩子，这样的很少。第二类是高度接受他律的孩子，知道自己最终管不了自己，那就让父母老师、制度纪律管自己。多数成功者是第二类人，他们不自大，承认弱点，然后接受监督。

你的智力是达标的，将来如果想在高考中胜出，在人生竞争中胜出，不辜负自己的智力天赋，你必然要做第二类孩子。从你手机容易成瘾看得出来——通宵玩一次手机，第二天必打瞌睡，至少耽误两天功课，接下来一周都在追赶——你已经知道自己目前的定力尚不足以控制手机，那么，最好的解决办法就是不用手机（需要联系就用功能机），或者主动将使用时间交由父母控制，到点了父母就来收手机。

你是高二生，已在进行残酷的淘汰赛，我就不哄着你说话了。如果你仍然拒绝父母的他律，甚至偷买手机，那么，你是无法发挥出潜力的，在高考中被淘汰也不意外。当然，你最后可以把锅甩给父母，像那些不顾尊严的失败者一样，反正都是“原生家庭”的错，都是“父母伤害了我的童年”。要在父母身上找点毛病还不容易吗？越是负责任的父母，你越找得到毛病，因为负责任，才会有约束、有管教、有批评，甚至会失控。

君子求诸己。你的命运掌握在你自己手上。你的问题可大可小，全看你。说小嘛，就是遵守纪律，服从管教这点事；说大嘛，你可能从高考失败后一辈子都要碰瓷父母。可以告诉你一条识人规律，但凡30岁以后还在拿父母和原生家庭说事的人，正说明其本身的素质差。为了避免成为这种人，我们最好从少年时就不要养成这种坏习惯。

祝开心。

连岳

2

凡是我们经历的，都是我们成长的资源

退步的进步

| 2024-03-15

岳叔：

您好！

这是我第一次发邮件给您。我是一个关注您公众号三年的读者，现在读初二。同大多数读者一样，我是从《少年问答》认识的您。

直入主题，我想请教一个困扰我很长时间的问题：我从初一开始就是年级前几，但是傲慢和自负让我跌入了谷底，从前五落到年级十几（期间大病了一场，请了十几天假）。我浑浑噩噩地度过了初二上学期，想过改变却做不到，一直在放纵与懈怠中麻痹自己。现在日常生活过不好，游戏玩不好，学习也不尽人意，失去了自信心。原本立志在寒假蜕变，开学考却给了我当头一棒。

我现在已经做出了一点小小的改变，把不该玩的游戏卸了，开始复习预习，认真上课。我不知道自己能否重铸辉煌，心里没底但却舒坦多了，没有再像以前那样欺骗自己。我想再挣扎一下，给或许又将失败的结局一点希望，但是总觉得迷茫。希望岳叔支支招，深表感谢。

辰风

* * *

辰风：

你把游戏卸了，这不是“小小的改变”，而是“大大的改变”。同一个时代的孩子在学习成长中，善于学习的与不善于学习的，学霸与学渣，面临的挑战都是相同（似）的，犯的错误也是相同（似）的。对这个时代的孩子来说，手机与游戏，就是他们都要面对的挑战，对它们上瘾，就是孩子们会犯的相同的错误。只是不善于学习的孩子，一上瘾就丧失了自控力，很难回头。而善于学习的孩子，像你一样，是能自己卸载游戏的，也能把手机交由家长管理。

卸了游戏，你说“心里没底但却舒坦多了，没有再像以前那样欺骗自己”，这也是一个重要的心智获得。就是《大学》里说的“诚意”，“所谓诚其意者，毋自欺也”。不自我欺骗是学习成长的起点与基础。诚意后能正心，正心后能修身，修身后能齐家，家齐后国治天下平。人一旦习惯自我欺骗，那么，给了再好的学习环境，再好的老师，再好的机会，都没有用。人难免偶尔自我欺骗，尤其你还是孩子，但只要自我欺骗的念头一起，你心里就“不舒坦”，像闻到了恶臭一样不舒坦，那么，意就会越练越诚。

从年级前五掉到年级十几，固然是令人伤心的退步。不过，年级十几也是很好的成绩，小损失而已。以这小损失知道不可“傲慢与自负”，收获却很大。要知道，“傲慢与自负”不只是小朋友的大敌，也是人一生的大敌。人无知，往往是因为“傲慢与自负”，一个人有知，有成就，因为“傲慢与自负”也会变得无知与可笑。“傲慢与自负”就是觉得自己很厉害，想当然了，不愿意实践，不愿意调查研究，不愿意吃苦流汗。“傲慢与自负”者不会承认自己的错误，所以，他们只要犯一个错误，就会在这个错误里打滚，以更多的错误掩饰这个错误，好像对这个错误上瘾。这样的人，怎么可能进步呢？怎么可能有成就呢？善于学习的人，都去掉了“傲慢与自负”，愿意认错，每一个错都成了一级进步的台阶。就像孔子表扬颜回是自己最好学的学生，因为他“不二过”，即错误不犯两次。为什么不是“不一过”呢？因为人总是会犯错误的，就像你这么好的学生，也会犯错误。犯错误不可怕，只要“不二过”，那就是好学。你剖析自己非常锐利，具有“不二过”的素质，我对你很有信心。

祝开心。

连岳

有时候，不正常反而是一种正常

| 2024-04-21

尊敬的连叔：

展信佳。

我从去年暑假开始看您的公众号，虽不是一期不落，但于我的家庭观、人生观依旧有着不小的启发。

高考日期渐近，在最后的冲刺阶段我却又隐隐陷入焦虑的漩涡。

我接触电子产品较早，可溯至小学，中考完真正拥有了自己的手机。我独立较早，初中起基本无需家长帮忙做任何学业学校的事(可能与学校是住宿制有关)。目前在重高读高三，成绩上一本有余，可能在211线上下。在私立制教学的初中和中考完的暑假我都没有被限制上网，这让我在高中一入校便深深不适应乃至患上焦虑症不自知。所幸我没放弃学习，高二我初步意识到需要做改变，高三做出有效转变。如今我也大概能意识到手机给我带来的信息太过冗杂，但睡前仍下意识地看手机拖延睡觉。一方面，它对我日常积累作文素材很有用（我每天在一个App看素材），日常定闹钟、购物也需要用到（自己安排事情惯了，如果全依赖父母会感到很不安，再者有些事情确实必须要用手机）；另一方面，它其实也阻碍了我全身心投入高考冲刺。总的来说，就是自由的同时也容易放纵自己。

焦虑带给我的不仅是思维上的局限，更有精神上的痛苦。我有文字阅读障碍，读文章读题时我会不自觉地屏住呼吸导致呼吸不畅。这已经比我高一高二时要好太多了，那时候写题我经常不能理解题目同时出现躯体化症状，头非常疼。现在睡觉常常浅眠多梦，我想多少也与最近的状态有关。焦虑压抑会让我寻求手机带来的愉悦，但越看手机反而越焦虑，所以就陷入了恶性循环。

当然带来焦虑的也不止于此，还有对考不上理想大学最后不能获得更优质的资源、不能进入更优秀圈子的害怕，对辜负父母辛苦付出、遭受他人议讨（对于在工作中常处在卑微地位的父亲，我想我和我哥哥也许就是他最主要的骄傲资本）的担忧，更有对自己达不到预期后失望、再次自我贬低的害怕。

其实这么叙述下来有的地方清楚明了了，但整体而言还是拧巴、想不开。为此我仍想向您求得一点长辈的看法和智慧。若有幸在众多信件中得到您的回复，是否可以再给这个阶段的高三生或是处在类似困境的朋友一些话语或建议呢？

一个顾虑重重的人

* * *

一个顾虑重重的人：

高考前紧张，觉得自己这不正常，那不正常，其实是一种正常。人面临大挑战，身心总是会有一些不同的。人不要轻易把自己当成病人。人是一台具有极强自我修复能力的进化神器，生理心理的毛病，基本能自愈，你不觉得它是病，它就不是病，你觉得它是病，它就是病。你爱找病，那就浑身是病。再健康的人，去医院做精细的检查，总能查出一些指标不够健康。至于网络上的各种测试，更不要参与，99%都是卖课卖咨询的陷阱，形同诈骗，只要你敢测，他就敢说你有病。机器不坏不要修，只要能吃能睡，基本没什么事的。人的主观能动性很重要，也就是信心很重要，你更相信自己是健康的，就是一种健康。

离高考没几天了。经过10多年的学习，水平稳定了，起伏并不会太大。接下来主打一个保持节奏，不做大的调整。一口吃不成个胖子，最后再上强度，成绩提升不了，反而把自己搞垮了。当然了，一口也饿不成个瘦子，偶尔走走神，一天放松一会，成绩也掉不了，没必要过于内疚，把自己搞垮了。你平时测试的水平是211上下，那么，最后就是211上下，大好大坏的可能性都不大。

你整个高中阶段都完全自主使用手机，成绩仍然在211上下，那说明你与手机的关系调整得比较健康。如果彻底沉迷，那早没希望了，怎么可能211上下。所以没必要此时来恨手机，每天少用一些就行了。睡觉前可放下手机闭目养神，想想大学毕业后20年的幸福生活。多想一些美好的事，美好的事就容易发生。

祝开心。

连岳

为名牌所困的人

| 2024-05-27

连叔：

您好！

我是一名六年级的小学生，生活在一个小县城。

我班上的同学尤其是我的几个好朋友，家里都是做生意的比较有钱。自从上六年级以来，他们总是穿名牌鞋名牌衣服，而且还攀比谁穿了李宁、安踏、耐克、乔丹，谁的衣服鞋子花了几百块。慢慢地，我也特别想跟他们一样，想穿名牌跑鞋，想买名牌篮球鞋，很想很想，在街上看到这些运动品牌店我总要跑进去看看。妈妈也给我买了两件名牌的衣服，还买了两双比较一般的运动鞋，可是我还想买名牌运动鞋，虽然我已经有六双一般的但质量很好的运动鞋了（因为我要跳街舞）。我知道我不该攀比，我跟妈妈一起生活，妈妈的工资不多而且对自己很节省，我还要上兴趣班，我很惭愧，但是又忍不住想买。

已出版的《少年问答》妈妈都给我买了，第四本刚到还没看完，在其他的几本里我都没看到我这样的问题，我很苦恼。妈妈建议我给您写信求助，我很需要您的帮助。我马上要初中了，而且我应该会去市里上初中，妈妈说到时候会有更多同学攀比名牌鞋子。我怕我会变得更有攀比心，但我不想增加妈妈的压力——妈妈有时候还会因为没有给我提供更好的生活而自责。

希望能得到连叔的回信。祝连叔和家人幸福。

一个总想买名牌的男孩

* * *

一个总想买名牌的男孩：

不仅是你这个六年级的小学生想要名牌，很多成年人也想要名牌。

人为什么想要名牌？这其实是个人生大问题，想清楚了，人生要顺利很多，想不清楚，终生困于此，可能会耽误人生。

名牌与非名牌，往往在使用功能上、质量上没有差别。就像你观察到的，你的非名牌运动鞋，与几个好朋友的名牌运动鞋，在质量上没有区别。那么，人为什么想多花几倍，甚至几十倍、几百倍的钱去追求名牌呢？因为人们想出人头地、想让人羡慕、想表示自己是人群中的“名牌”。这本来是人正常的竞争心理，由于有这种心理，作为一个孩子，我们才想努力成为三好学生，当学生中的“名牌”；作为一个成人，我们才想有品德、有能力、受尊敬，当成年人中的“名牌”。但这种“名牌”之路非常艰难，需要一个人长期的努力与自律。而花钱买名牌，则瞬间可以实现“名牌”梦。以奢侈品为代表的名牌商业宣传，给大量的消费者灌输用了名牌就是名牌人，用名牌就高人一等的想法。这种宣传广泛存在在人们的生活中，所以，你才六年级，就极渴望名牌。若在这种影响下长大，你会成为名牌的奴隶。无论富与穷，都挣脱不了。富时，炫富，时时展示身上的各种名牌。穷时，就是借网贷也要买一两件奢侈品，显眼地带在身边，感觉自己上了一个阶层。在这个物化的过程中，真正的人消失了。你对名牌越渴望，你对物越痴迷，你对人就越忽视。就像你逼妈妈买名牌运动鞋，一两双鞋可能就花掉她一个月的工资。你得到了一双鞋，但却会产生两个损失，一是你妈妈的生存可能都成问题，二是你在多数同学老师心中的好评会下降，恶评会增加。一个工薪阶层的孩子，穿着昂贵的运动鞋，少数不懂事的孩子才会羡慕你，更多人在心中给你的评语是：这是一个愚蠢的、不知道体恤父母的、被宠坏的家伙。名牌用得越多，你的名声越臭。就像你妈妈的工资若用来给自己买名牌包，家里的生活都成问题，你会因为她有名牌更爱她吗？你会给她更多好评吗？不可能的。家人、同事、朋友、社会给我们的好评，才是一个人真正拥有的、永远不会过时的名牌。不像名牌鞋，几个月后旧了破了，你还得重新买。

妈妈评价你为好孩子，老师评价你为好学生，这才是你的最大名牌。你的富孩子朋友，如果不努力，只靠花钱，是买不到这种名牌的。拼钱，你拼不过这些朋友，拼努力，你们机会平等。所以，拼物品的名牌，你是以己之短，攻人之长，没有胜算，拼品德与学业的名牌，你才有大胜算。

祝开心。

连岳

“咸鱼”两年半，我的人生是不是没救了？

| 2024-05-28

连岳伯伯：

您好！

不到18岁的我，已经在家里躺平两年半了。

15岁半的时候，经精神科医生诊断，几乎已经疯掉的我确诊了双相情感障碍。在经历了各种各样的躯体化症状，两年半的药物治疗、心理治疗之后，我大有好转。仔细一想，同龄人还有十几天就要踏入高考考场了。我觉得自己很是没用。

我没有报名参加这次的高考，我在高三刚开学的时候就选择办理了休学。其实在这之前，高一下半学期开学后我就一直请假，所以算算躺平两年半了。

2024年伊始，我开始学习花样滑冰，想给自己的人生找点事儿做，看看能不能在未来考个初级教练的证，养活自己。结果专注于滑冰，让我忘记了要关注今年六月底的学业水平考试报名。同时我发现自己遗传了拇外翻，滑冰时间太久会脚疼，哪怕穿最宽松的冰鞋也不行。滑冰这条路算是走不通了。

昨天晚上梳理了一下，距离返校还剩99天，但高中的知识我什么也记不得了。看过您的不少文章，还记得您说过“能学多少算多少”的道理，所以在成绩这块我没有给自己太大压力。

但新的问题又产生了，我知道早睡早起作息规律会让我精神比较好，但我却只在下午三四点到晚上一两点比较有学习动力。今早我硬是生生爬起来了，结果又觉得自己再怎么学也改变不了成绩一落千丈的现实，从而丧失了学习动力。之后我干了一件让我自己后悔一天的事情——回去睡觉。

我也不知道自己能怎么样，未来会怎么样，想请连岳伯伯分享一些经验，生锈许久未用没有动力的机器，如何才能从0到1慢启动起来呢？

祝福连岳伯伯天天开心。

一个希望人生雾尽的女孩

* * *

一个希望人生雾尽的女孩：

首先，纠正一下，你这两年半不是躺平当“咸鱼”，你是顽强地从严重的精神疾病中复原，重新变成一条“鲜鱼”。你应该自豪。我想，你的父母也会如释重负，心情愉快。

你感觉自己是“咸鱼”，那是评价体系出了问题：因为同龄人这段时间在读高中，准备高考，我在家里治病，没有准备高考，所以浪费了时间，因此是一条“咸鱼”。如果把评价体系调回来，具体问题具体分析，知道你自己这两年半的具体任务不是高考，而是治病，那就不会有“咸鱼”感。每一个孩子，每一个人，每一个人在每一个阶段，都有其具体任务。这任务可与他人相似，也可与他人不同，只要完成了自己的具体任务，就是成功的。忽略自身具体情况，只按他人标准来制定任务，往往事倍功半，吃力不讨好。

精神疾病不是人想要的，但得了病，又复原，却会对自己精神（也是人类精神）的广度、深度与韧性，有切身体会。这是不是知识？是。这是不是能量？是。凡是我们经历的，都是我们成长的资源，没什么是无用的。杂草，不过是长错位置的好植物；垃圾，不过是等待被利用的好资源。那些不快乐的、生病的、被侮辱与被伤害的经验，都会在未来帮助我们。一个生过病的人，或者一个不幸的人，并不等于一个无力的人，相反，他可能特别有力，前提是，要相信自己有力，要看到自己潜在的力量。

你早睡早起作息规律时精神好，但是下午三四点到晚上一两点才有学习动力。两者看似矛盾，但也找得到统一的地方。早睡一般也在晚上十点左右。下午三四点到晚上十点，有六七个小时，高效利用其中两三个小时学习，能学不少知识。你目前主要任务还是保证身心健康，次要任务才是学习高中知识。先早睡早起保证精神好，然后在这个基础上学习。人生很长，真有学习的潜力与能力，迟一两年上大学，对一生影响不大。真没有潜力与能力上大学（多数孩子是如此），那养活自己也不难，没什么可怕的，就像你发现的，当个滑冰教练，也能养活自己。中国十多亿人，有几个饿死的？只要想通这点，保持身心健康，就不必过分担心未来。

祝开心。

连岳

无用就应该被淘汰吗？

| 2024-06-21

亲爱的连叔：

您好！前段时间我妈妈给我买了《少年问答》，从而认识了您，没想到我最近也遇到一件令人难过的事情，想来问问您该怎么办。

我是一名二年级的女生，在农村和爷爷奶奶爸爸妈妈生活在一起，过得还不错。

在我上幼儿园的时候，奶奶买了几只小鸭子回来养，想让它们下鸭蛋——既可以给我们吃，也可以卖钱。它们好可爱，我很喜欢它们。其中有一只特别白，特别乖，我很喜欢它，还给它取了名字，叫小白。每天一放学我都会去找小白，给它喂吃的。时间久了，它也不怕我了，我一过去它就会屁颠屁颠跑过来，摸它的时候它也不怕。我好开心，每天有小白和我一起玩，陪着我。

前几天，我放学回家发现小白不见了，问奶奶，奶奶说它还在后山自己找吃的，晚上就回来（我们家的鸭子每天都会放到后山的一小块地方，让它们自己去找吃的，晚上再抓回来），我也没多想。晚上奶奶说炖了排骨汤给我喝，我吃饭的时候，喝了一口排骨汤，心猛地一沉，那是鸭汤的味道。我马上缠着奶奶问，这是不是小白。奶奶被我问得实在没办法，只好承认了，她说小白不能下蛋了，不能卖鸭蛋赚钱了，留在家没用。我听完没说话，那半碗汤也坚决不喝了。

那天晚上我很难过，在房间里哭了很久很久。我最心爱的小鸭子，养了它四五年，就这样没了，仅仅因为它不能下蛋了，没有价值了。就像我们人，没有价值了，就要被社会淘汰。为什么大人们都要那么功利呢？为什么社会是这样的呢？我真的好难过，不仅仅因为失去了我最爱的玩伴，还担心万一我以后也成为没有价值的人，是不是也会被社会淘汰呢？从那以后我再也不吃鸡肉鸭肉了，以前很爱的炸鸡也不再吃了。

怎么办连叔？虽然过去一周了，但我还是很难过，希望连叔指点。

二年级的小朋友

* * *

二年级的小朋友:

先说一点额外的事。看了你的来信,我整晚处于欢喜之中。一是感叹我们国家的教育水平之高(学校教育加上家庭教育),一个农村二年级小朋友的信,叙述如此生动流畅,思虑单纯又直指问题本质。二是文化与国家的体量大,蕴含着巨大的人才资源。这就是大一统的力量,十多亿人使用同样的文字,拥有同样的文明传统,融合多,冲突少,彼此间的交流没有障碍——这意味着一个人在思想、技术上有突破,经验很快可以传递给十多亿人。有十多亿人的支持,那些真正为人民服务的天才,又可尽情发挥才能,立功立德。天才出现的概率,就是小至百万分之一,中国每年也能生出许多。大一统,是强大的生产力。所以,秦始皇的功绩是非常大的。中国人为什么特别接受社会主义?因为社会主义是我们的文化基因之一。

抱歉,上面这段话,对你这个小朋友来说,实在是枯燥了一点,可能要等到二十年后你才能理解。我想表达的意思是,我很喜欢你的这封信,也很喜欢你,你的来信让我浮想联翩。

你以后在课本里,会读到一篇很重要的文章,是讲两千多年前孟子与齐宣王讨论治国方法的。齐宣王见人牵了一头将在祭祀礼仪中被宰杀的牛，便让人放了那头牛。原因是，不忍心看到这头牛被杀时的恐惧颤抖。

你就是这篇文章里的齐宣王，你的小白鸭，就是文章里的那头牛。

孟子说，这就是仁。即使对动物，也是“见其生，不忍见其死；闻其声，不忍食其肉”。

那么，齐宣王是不是就废了祭祀礼仪呢？不可能，在当时那代表着管理国家的权威性与合法性。解决办法是，换一头齐宣王没有看到的羊。如果宰杀动物是不可避免的，我们的解决办法是不要虐杀，不要在我们于心不忍时杀，以求达到平衡。毕竟，人是高于动物的，动物，尤其是家禽，是服务于人类的，人与动物的地位并不平等。如果硬要平等，就像一些极端的动物保护主义宣称的那样，禽兽变成了人，人就变成了禽兽，世界就无法运行了。

无差别的爱，是不存在的。正如你爱自己的爸爸妈妈爷爷奶奶比爱外人多一些，你更信任他们，更依赖他们。他们爱你，也比爱其他孩子多一些。一个人真诚地爱人，就是由爱亲人推及到爱他人。如果连自己的爸爸妈妈爷爷奶奶都不爱，比如不好好吃饭，不认真上课，不保持健康，那么，他声称自己有爱心，爱天下人，就不可信，他最终也做不到。中国人是特别能理解爱的，仁爱仁爱，仁与爱是一体。爱自己的孩子，也因此爱别人的孩子。爱自己的父母，也因此爱别人的父母。从古到今，国家都有照顾鳏寡孤独的义务。这些人，就是无助的人，用另一个说法，也是"无用的人"，但我们的仁义传统，要求我们不能放弃他们。所以你放心，在对待人的问题上，我们的文明，我们的国家，从来不是功利的，不是残忍的，相反，我们是特别同情弱者，见不得别人受苦受欺负的。

一个孩子要健康成长，营养需要充分、均衡。这也是一条很重要的规则，不能废除，就像齐宣王不能废了礼仪。摄入足够多健康的动物蛋白是必须的。要吃肉，当然也不能吃得过多，更不宜重口味，太咸、太甜、太油、太焦都不好。

小白如果能留下来，从蛋鸭转变为宠物鸭，让你吃一只陌生鸭子的肉，这当然是更好的选择。不过，也不能因此太责怪奶奶。你可以再养一只鸭子当宠物，而且告诉奶奶，它有免死的特权。你见到这只可爱的小鸭子时，伤心就会消失了。

祝开心。

连岳

输得起，只有少数优秀者才做得到

| 2024-06-25

连叔：

展信佳！

请原谅我的夜间来信，内容有些混乱。

高考成绩出来了，我非常崩溃。本以为高中是我上学以来状态最好的阶段，我也做到了自己能做到的最自律的程度，但是我的高考成绩却是三年以来最差的——全省一万多名，之前一直在三千名左右。最得意的科目语文也遭遇滑铁卢。我现在很迷茫，仿佛一切努力都付诸东流。虽然读了您很多文章，道理都明白，但心理上却很难真正接受。

先说一下我自己的情况吧。我从小就在和别人比较中证明自己的优秀，感觉我已经形成了这种思维定式。小时候比较腼腆，外婆经常夸我："你看我们家孩子多听话，不像谁谁谁……"父母在夸我的时候也经常有意无意和人比较。我常常是亲戚口中别人家的孩子,这让我既骄傲又恐惧,对这种比较又爱又恨。我看得出来亲戚夸我时,其实内心并没有完全期待我好,他们更希望看到自家孩子比我好,所以我害怕被超越,渴望超过其他孩子。虽然我能理解比较是无法避免的,但长此以往我就形成了一种只能通过在比较中获胜来证明自己价值的思维。有时候我在比较中没有获胜,父母顾虑我的感受,让我不要在意,但从他们的表现中,我还是感觉到了失望。我明白他们是爱我的,只是每次感受到他们的失望都会让我更加责怪自己,进而情绪崩溃。我希望满足父母、老师对我的期待,但这种希望不是正向的,它来源于我对失望的恐惧。综上,我对这次高考寄予了很高期望,但结果令我很失望,所以现在无比崩溃。

剖析我的崩溃,一部分是对考得不如平时、不如我的同学而感到的耻辱,一部分是让期待我的人失望的恐惧,一部分是对幸灾乐祸的亲戚的愤怒(当然这部分"幸灾乐祸"可能是我的假想),最大一部分是为自己感到悲哀和不甘。我明白,人生当然不止于此,但接下来的路令我迷茫。我没办法一下走出来,也不知道该怎么度过接下来的两个月。原定七月份出去旅游,现在却犹豫了,一是没心情,二是觉得这样是不是太放纵了,毕竟才栽了个大跟头。

现在我简直是一点就炸，也没办法沉下心来好好和父母沟通选学校的事。虽然这可能是一个普遍存在的烦恼，但却令我尤为头大。希望连叔能帮帮我，十分感谢！

一个高考失利的学生

* * *

一个高考失利的学生：

你还是聪明的，分析出高考不如意后的崩溃来源于自己从小“比别人优秀”的感觉的破灭。

你父母、外婆认为你从小比别人家的孩子好。这种情况并不独特，天下父母都是如此。“人莫知其子之恶”，孩子的缺点，父母会无视，所以你也会感觉到亲戚希望（或认为）自己的孩子比你好，那也不是恶意，而是出于和你父母、外婆一样的本能。

你养成通过在比较中获胜证明自己优秀的习惯，这也不独特，天下孩子都是如此。几个月的小婴儿，如果感觉到旁边有另一个小婴儿，就会有“争宠”“独占”妈妈（或养育者）的行为，他会通过更强烈、持久的哭闹来霸占妈妈的怀抱。长大后，更大更长的哭声就是更好的成绩，通过更好的成绩获得更多资源，会哭的孩子有奶喝。人的竞争是天性。“物竞天择”，人是万物之灵，怎会没有竞争。高考即为人生第一次残酷的竞争。不经历几次残酷的竞争，人是不可能真正成长的。

但本能也罢，天性也罢，不加节制，就会变成坏事。父母如果永远觉得自己的孩子是最好的，活在幻觉中，必会溺爱孩子，同时也会为孩子设定高不可及的目标。这是一种折磨，也是无形的暴力。一边溺爱，一边折磨，孩子正常不了。孩子如果永远要通过竞争获胜，在“比别人优秀”中才能获得快乐，那么，快乐就会越来越少。就像你，就是如愿考了全省前三千名，比你好的人也还有很多。再好的大学里，都有倒数的学生，他们在高中可能也是王者。只要你想比，永远都有比你更好的人。

成功的教育，到了最后，是克制竞争本能。“不忮不求，何用不臧？”“不忮”是不嫉妒，“不求”是不贪求。人相对弱时，即竞争失败时，别人比我优秀时，容易走向两个极端：一是嫉妒，奢望毁了对方；二是彻底放弃自己，跪了下去，指望寄生于强者。这都是人生最痛苦的状态。只有教养——教育的养成——才能避免这剧痛，让人“何用不臧”，事事顺心。当嫉妒与贪求在心中有苗头时，我们瞬间可以觉察，将其控制在合理的程度。火苗在炉内，是能量，火苗跳出炉外，就是火灾。

而最好的教养如何得到？要靠失败，靠南墙。正如你说的，

“理论我都明白，心理上很难接受”。可是，失败的坚硬南墙，不管你接不接受，就是要用理论（规律）弄疼你，疼得你印象深刻，非接受不可。高考成绩出来，你哭也罢，闹也罢，撒气给父母也罢，不会再多一分，你必须接受。越不接受，自己越尴尬。有人高考不顺利，半辈子一辈子不接受，最后真成了笑话。你越在意自己的形象，越要体面地接受失败，和父母认真研究学校与专业，该玩玩，该吃吃，这才是优秀的样子。赢得起，谁都做得到，输得起，只有少数优秀者才做得到。

祝开心。

连岳

和一个准备辍学的高中生谈几条原则

| 2024-08-11

连叔：

您好！

关注您很久了，几次想要给您写信，却又无从下笔，时至今日才鼓起勇气跟您通信。我是一名高中生，今年九月份就高二了，但由于家庭的原因，我从今年上半年开始就已经不去上学了。

我的父亲导致我的家庭欠下了几百万的巨额债务，目前无力偿还。去年九月份我高一的学费是勉勉强强凑出来的，每个星期的生活费都是妈妈兼职挣来的。爸爸从去年十月份起就再也没给过家里钱了，十一月份开始就不见人影，只有我和妈妈还有妹妹一起生活。

今年二月份其实妈妈已经攒够学费了，但我不愿意去上了。因为我的成绩不怎么好，学校也不是什么好学校，后年的高考成绩也不会理想。本科线达不到，最多上个大专，还有很大可能大专都考不上。

还有就是，我们以后要租房，房租很贵，在只有妈妈挣钱的情况下，如果给我交了学费就交不起房租了。就算前期攒钱勉强交上了，后面的房租和学费总共加起来也是供不上的。所以我想既然自己都知道上学也是白上，那还不如不上学，把钱攒下来。我的妈妈不是很同意，但她同样也很纠结，所以我和她商量了一下，决定来问问连叔您的建议。因为我是女孩子，所以如果我不去上学，我应该去学一门什么样的技术呢？还是说我应该进厂去打工呢？

期待您的回复，祝您天天开心！

一片不知该飘向何处的树叶

* * *

一片不知该飘向何处的树叶：

你妈妈确实很难同意你的做法。在当下的中国，一般的家庭都不需要孩子养家，会让孩子读完高中，然后再差的大学文凭也会搞一张。说起孩子来是个大学生，父母才安心，觉得对自己、对社会舆论有个交代。

但我认为你妈妈应该同意你的做法。家庭经济难以支持，再加上你并不擅长读书，早点参加生产实践，是最理性的选择。我觉得至少20%的高中生应该像你一样选择，这反而有利于他们的发展。比起艰难而绝望地熬完高中，再到那些所谓的大学混几年，早早参与社会实践会使他们的精神与心理更健康，人也会更踏实。但是从家长到孩子，都不太可能做出这种选择——放不下面子，总觉得读书这条路是最好的、最体面的。你家的经济要不是出这么大的问题，你也不可能选择这条理性的路。从这个角度来看，没选择促成了理性选择，坏事变成了好事。你有份工作收入帮助妈妈，你们三人就可平稳过渡。

至于是学技术，还是进厂，我觉得可以先不预设立场。拜托亲友给你介绍工作，自己也努力去找，谁雇你，你就去谁那里学习技能。

从人一生的长度整体来看，绝大多数人都有养活自己的技能，这些技能的区别并不大。那些幸福的、受人尊重的人有意无意地做到的以下四点，才是更重要的。

一是选择了善业。有些职业并不违法，但却是恶业。什么是恶业？就是你的营利行为令人厌恶，比如打骚扰电话，在别人家门口贴小广告，用有欺骗性质的话术让老人家买各种“保健品”等。相反，人们在得到了一个好老师、一个好医生、一个好民警、一个好理发师、一个好菜贩、一个好水电工、一个好家政、一个好快递员……的服务后，会心情愉快、心生感激，这样的职业就是善业。恶业天天被人嫌弃、斥骂、诅咒，让人在人性恶中下坠，害在当下，祸及子孙。做善业的人天天被人欢迎、赞扬、祝福，在人性善中上升，利在当下，福及子孙。

二是与人为善。人不善良，再好的职业也会变成恶业，再好的运气也会败光。不要去伤害他人，不要背叛信任自己的人，要加倍去爱那些爱自己的人。与人为善，才能最终收获他人的善意。一个人若总能得到身边人的善意，人生之路就会又宽又直。

三是乐观。任何人都会遇上逆境，有这样那样的不如意。若不乐观，遇到一点小风险、小压力就会止步，怨天尤人。

四是勇于承担责任。像你这样，当妈妈需要我工作时，我就工作，这就是在承担责任。能力的增长，幸福的获得，都来自于承担责任。一步步去完成人生任务——为人子女，孝顺；为人配偶，仁义；为人父母，慈爱。为人子女、为人配偶、为人父母，都不容易，成长、恋爱、成家、生娃，很多时候要顶着压力上，扛起来，力气就大了。

以上四点，都不和文凭挂钩。做得到，文盲也能幸福（当然，这不是鼓励当文盲），做不到，知识越多越不幸。

祝开心。

连岳

胖了43斤！如此焦虑，如此失控

| 2024-09-08

尊敬的连岳叔叔：

您好！

久慕鸿才，冒昧致书，以求教诲。

最近状态一直不是很好，心里有一道坎过不去，马上就要开学了，我想救自己。

我马上就上初三了，在班上是“努力”的代名词，同学们比较在意我的成绩。以前我很喜欢学习，每天制定详细的计划表，按时完成作业，觉得自己很努力。

八月初体检，我查出肥胖。青春期发育加上胃口好吃得多，初中学习压力大没怎么运动，还有感到学习压力大时会情绪性饥饿要靠吃东西来缓解，这些导致这两年我长了43斤，但当医生说我是肥胖时，我整个人还是蒙了。

现在我通过饮食上的改变，还有每天运动一小时来控制体重。这个减重的计划意外地打破了我学习的平衡。我每天需要分散精力去锻炼，锻炼后很累，学习状态不佳无法专心致志学习，我感觉比别人落后了，学习时间比别人短了很多，很崩溃。

而现在快开学了，看着自己没写完的作业，我又开始崩溃了。很后悔自己当时没有及时调整，不仅运动浪费了时间，崩溃也浪费了大量时间，感觉自己落后更多了。而此时我却不能崩溃，但每天忍着情绪，真的挺难受的（最近脚扭了，无法通过运动解压，更不能通过吃解压，所以我压力超级大）。最近学也学不进去，每天只要一看到暑假作业心里就烦，但是我又不得不写，只能忍着。我很想开学，想象一开学我就可以拥有以前的学习状态，可是我也怕开学后状态更差。

我压力大的原因还有一点就是开学考，我原计划是开学前好好刷几套试卷，一鸣惊人。此时九年级新课还没学，我该怎么应对考试？我很怕到时候别人考满分而我只能及格。

为什么我在面对挫折时（对我来说减肥是个挫折，毕竟很困难，还影响学习），只会无用地崩溃，我觉得自己有点失败。请智慧的连岳叔叔帮我指点迷津！我太需要您的帮助了！感激不尽！

祝连叔身体健康，万事如意！

向日葵

* * *

向日葵：

你一被诊断为肥胖，就能立刻行动去减肥，这就不可怕。

肥胖是中国面临的新难题，成年人的超重率、肥胖率已经分别达到34.3%和16.4%，6至17岁儿童的超重率、肥胖症患病率分别为11.1%和7.9%。超重肥胖会引发各种疾病，预计到2030年，我国超重肥胖相关卫生支出将占到全国医疗费用总额的22%左右。

体重是否正常，不需要去医院，自己可以用一个公式马上算出来。临床上诊断肥胖的依据是以身体质量指数（BMI）为主，即体重除以身高的平方。其中，体重以千克为计量单位，身高以米为计量单位。BMI在18.5至23.9之间，为正常体重；BMI在24至27.9之间，为超重；而BMI大于27.9则为肥胖。

即使不用公式，一个人超重了，尤其是肥胖了，自己不太可能不知道，但很多人体重减不下来，为什么呢？

有些人说是因为不运动，少运动。这只说对了一部分原因。运动确实对身体好，但运动消耗热量慢，你用1小时跑10公里，消耗掉600千卡热量，吃一根150克的油条，或吃12个饺子，或喝一大杯奶茶，或喝1 000毫升可乐，只需要几分钟，热量就补回去了。任何一份麦当劳肯德基套餐，给你带来的热量，都需要你跑20公里以上才能抵消。有些人觉得运动完了，可以犒劳自己一下，但消耗的热量小于摄入的，所以出现越运动越胖的现象。

再说了，由于学习或工作，要每天抽出大块时间运动，对很多人来说，也不现实。比如要跑1小时，跑之前的准备，之后的沐浴，路上花的时间，总时长2到3小时少不了。这个时间成本没多少人支付得起。

好消息是，决定体重因素的，最主要的就是饮食。控制饮食，不需要额外的时间。

控制饮食的关键，在于分清什么是可吃的，什么是不可吃的。有人觉得自己吃得很克制，甚至不吃饱，但是体重一直涨。那就是吃了太多不可吃的“食物”。这些“食物”是合法生产的、显示为安全的，甚至是大做广告的，它们叫作超加工食品，无孔不入地密布在我们身边，它们热量高、添加物多，容易让人上瘾。吃得多了，我们的身体就不可能健康。但遗憾的是，现在的人恰恰吃它们吃得多。什么叫作超加工食品？简单定义就是：如果它用塑料包裹着，并且至少含有一种你在标准家庭厨房中通常找不到的配料，那它就是。只要我们不吃超加工食品，当然，还得避免多油、多盐，我们可以吃得舒服、满足，但又不会肥胖。我很爱吃馒头，如果我吃外面买的馒头，那一吃就胖，因为这些馒头多少都加了糖（属于超加工）；我吃老婆做的完全无添加的馒头，即便吃得很饱了，体重也不会增加。我还爱吃红薯、芋头、土豆等粗粮，放开吃，身体也很舒服，没有负担。

肥胖让人烦恼，但肥胖也提供了一个好机会，一个人如果有BMI从肥胖回归正常的经历，那意味着他的能力会有大的跃升，包括学习能力，对健康饮食、对营养、对厨艺的学习；包括自我管理的意志力，能够戒掉让人上瘾的超加工食品。这能力对其他方面，比如读书，大有益处。某种程度上说，健康就是能力，健康的身材就是自己最好的名片。好好体验一下由肥胖到健康的过程，你会获益无穷。

祝开心。

连岳

手里没钱还好，有了钱，反而变糟了

| 2024-11-03

连叔：

您好！由于我妈是您的忠实读者，我也开始读您的《少年问答》等书了。但最近有一件事，我不知该怎么办才好。

因为我已经10岁了，所以我爸妈决定开始给我零花钱。可他们没想到，这不给不要紧，一给反而变糟了。我不仅一到周末就追着他们要钱，还常把钱供给了玩具。我知道这样不好，但还是控制不住，怎么办啊？希望早点收到您的回信。

祝您身体健康，万事如意！

一名爱钱的小学生

* * *

一名爱钱的小学生：

爱钱没什么错，大家都爱钱。一个人再怎么宣称自己不爱钱，当他没吃没喝，又饿又冻时，他也要爱起钱来。也就是说，任何人实际上都是离不开钱的。小婴儿自己不会花钱，那也要父母替他买好奶粉、尿片等必需品。

钱是什么？是购买力，能买到你需要的东西，这是一种力量。你长高长壮，体力增加，挑得起更重的担子，这是一种力量。你努力学习，智力增加，能够解决问题，这是一种力量。你忠孝双全，在家是好孩子，在国是好公民，影响力增加，更能影响他人，这也是一种力量。人的成长，就是增加自己的力量。力量最大的人，影响力可以永远存在。比如孔夫子孟夫子，秦始皇汉武帝，毛主席周总理，他们的言行思想一直在塑造着中国人。

当然，力量可以用来做好事，也可以用来做坏事。力量在好人手上，就是好事；力量在坏人手上，就是坏事。好人要有力量，不然就要受坏人的气，甚至会被坏人伤害。就像抗美援朝时，美国有原子弹，中国没有，美国就敢威胁中国；而当中国有了原子弹时，它就不敢威胁使用原子弹了。这就是好人要身体好、学习好、品德好的原因。好人最好钱也多一点，钱多力量大，也能做更多好事。至少，不要搞得自己常常缺钱，生活都成问题。这需要学习，统筹安排，克制盲目消费的欲望，把钱用到该用的地方。这也像习得语文数学等知识一样，最好从小训练，否则，大了，收入再高，家产再多，也会都浪费掉。训练好了，一份平均水平的收入，也能把生活打理得井井有条。

零花钱让你苦恼的过程也是学习的过程。苦恼出现时，就是力量要增加的信号。解决苦恼就是获得力量。所以，不要怕苦恼。来分析一下你的苦恼，一是你常用零花钱买玩具，这本身并没有什么问题，你的零花钱，就是用来买你喜欢的东西的，只要没有盲目冲动，买了质次价高的玩具即可——这意味着你容易受欺骗，没有在购买前做好足够的研究与思考。二是你周末追着父母要钱，让你有不体谅父母、贪财的不好感觉。这可以通过约定更具体的给钱时间解决，不要宽泛地定在周末给零花钱，定在某个具体的时间，比如周五晚上8点，或周日晚上8点。一个小调整，就可让人不再六神无主。很多烦恼，都可以这样解决。

祝开心。

连岳

当用辩证法看问题

| 2024-12-22

连叔：

您好！

我是您多年的老粉，非常非常喜欢您。按照您的指导，我也在一步一步地实现自己的梦想。几乎您的每一篇文章我都看了，这些文章在我迷茫的时候为我释疑解惑，在我痛苦的时候给我无数抚慰，在我快乐的时候让我快乐加倍。能碰到您，我何其幸运啊！感谢您出现在我的生命里。我还把您推荐给了无数朋友，其中包括我老公和女儿。他们也是您的超级粉丝，老公现在看您的文章比我都勤快，娃也早就把您的三本《少年问答》看完了，她还经常回看，书都翻烂了。

我女儿今年9岁多，她健康、快乐、可爱，长得好看，古灵精怪，很有趣，还非常有主见，非常喜欢阅读和运动，体育很好，精力极其旺盛，Top级别。我的工作是跟孩子打交道，我接触过无数孩子，反正没见过比她精力更旺盛的。她小时候这旺盛的精力可把我和她爸害苦了。她还弹得一手好钢琴，画也画得很好，跳舞也不错，总之，蛮有灵气。

有优点当然就会有缺点，她有多动症，已在三甲儿童医院确诊，药物对她无效，很影响学习。脾气大，上课经常不听讲，平时成绩中上，期末考试一般都考得很好，达到上应该没问题。很神奇，也不知道为什么，可能是我们手把手带她总复习的原因吧。她还情绪冲动(多动症表现之一)，经常跟老师同学干仗，在课堂上和老师吵架，老师们也很头疼，以前我经常被他们请去喝茶，烦得不行。小嘴巴利得不得了，读的书又多，引经据典，呛死个人。她这个年龄对世界也不可能有敬畏之心，也不怕伤害人、得罪人，有时候讲出来的话真的很让人“社死”，很不合时宜。我也很烦恼。

以前管她学习管得蛮多的，家里经常鸡飞狗跳，她情绪也很不稳定。这学期我痛定思痛，没怎么插手她的学习，她的情绪得到了明显改善，我也没再接到老师的喝茶电话了。当然，在我们放弃管她学习的同时，她成绩自然也下降了一点点，不过不多，但在无比卷的某新一线头部城市，我还是有点担心，怕自己耽误她。

不过,总体我还是比较淡定的。我们家每周安排一次户外活动,爬山、徒步、逛博物馆、看展等等。职业特殊,我深谙一个别人可能没有洞见的底层逻辑,她健康快乐没抑郁差不多就战胜了一半的孩子,还有啥想不开的呢?

但,我很多前辈及朋友评价她是个非常有灵气的孩子,嘱咐我一定要好好培养。可是培养她好有难度啊,我和她爸都经常被她搞emo。我们也想把她的学习搞好一点,稍微卷一卷,她却说卷的家长禽兽不如……

文后附的是她昨晚给您写的信,她问我能不能给您写信,在我说能后马上就行动了,我还以为她心血来潮呢。前后也就花了一个小时多点,速度杠杠的,流畅度和逻辑性也是让我震惊。我觉得她写得非常好,也好好表扬了她。她写的信我一个字没改,原文直出,全部发予您。她的表现常常让我震惊,她说世界上没有真正的理想主义,理由还能说个一二三四出来,比如其中一条:世界到处都在发生战争……她经常说她五岁多时就觉得自己长大后会成为一个大人物,比如女总裁或者女主席……。谁知道呢?也许,没准她长大后真的会有一点点出息呢。我们拭目以待。真心希望能得到您的回复,娃非常期待,谢谢您。祝您及家人健康快乐,我们一家永远爱您。以下是女儿给您写的信。

连叔：

您好！

我是一名四年级的女孩，您的《少年问答》上有许多名言警句，给我的人生之路点亮了一盏灯，给了我许多启发。我听说您是一个成功的人，有好多大哥哥、大姐姐向您问问题，我现在也有几个烦恼，想请教您。

我现在上四年级，课程确实难了点儿，但是我还是能在中上游站得住脚的。虽然是中上游，但我能感觉到，我这学期过得特别乱，主要可能是因为同桌吧。我开学换座位时与一个比较优秀的男同学一桌。他性格活泼开朗，喜欢弹钢琴，且热爱体育，这几点我跟他一样。本来我俩就有过一些来往，这下坐在一起成了同桌，我俩都挺开心。

可是意想不到的事情发生了。老师进一步精细调座时，把我换到了前一排的一个不太爱讲话的男生旁边，关键是他不注重个人卫生，邋邋遢遢，头发飘着一股石油味，十天洗一次，且不爱音乐，我一开口准备唱歌，他就让我别乱喊，说我唱得太难听了！我也不想理他，可我也是个犟种，非要反击上几句发泄一下不可。我讲他时他爱搭不理，我就像骂石头一样。我是个爱讲话的女生，经常和人家自来熟，可这个同桌我怎么也“熟”不起来，下课我找他聊天，他居然若无其事地放下作业本，走开了！！！我只能和要好的几个女生谈谈心，却总觉得闷闷的不舒服，也不知道具体堵在哪儿。所以这学期我都对新同桌很抵触，也挨了不少老师的批评，我觉得整个学期过得毫无意义。连叔，下学期按老师的规定，还要跟他坐，我不想再过一个毫无意义的学期，该怎么调整呢？

我还有一个烦恼就是对自己的容貌太在意。虽然按正常审美来说，我是个挺好看的姑娘。在班里，同学们也觉得我长得不错。但我还是很在意自己的外貌，以至于天天在镜子前流连忘返，看自己的脸一看看很长时间，甚至上课都在摸手摸脸，探探脸上有没有斑、痘，以至于没有听讲。我也很注重打扮，穿衣服都要配套，戴个发卡都要看看显不显黑，和衣服搭不搭。妈妈说小孩要专心于学习，长大之后再注重这些，我也不想这么“挑”，这么关注美不美，却总也克制不住。

连叔，性格方面我也有想和您说的问题。我是一个性格开朗活泼的女生，很爱笑。但我有个缺点就是很冲动，看见什么不顺眼的事都得批判一番，因为这个我还被老师骂过。还有一点是我比较爱发脾气，现在有所收敛，但是遇上让我非常生气的事我还是会忍不住爆发一通，结果我心情更不好了，还有种负罪感。可是就是忍不住，一次又一次发怒，我感觉愤怒就是个巨型弹簧，一下子把我弹飞，谁也拦不住，中途自己也停不下来，我该如何克制呢？

马上要期末考试了，我不想被烦恼缠住，无法好好复习，取得不了好成绩，希望连叔能解答我的问题。

祝连叔家庭美满，身体健康，工作顺利！

小周同学

* * *

小周同学一家：

一个9岁多的孩子，一个多小时能写出这样一封信，确实了不起，我甚至可以说，语文关好像过了。(我改了几个错别字。小周同学可以对比一下原文。) 语文教育最终成功的标志，就是能够真实地、准确地、生动地描述一件事。看似简单，实则不容易，有些人就是大学毕业，也写不好一篇文章。小周同学四年级就做到了，在语文上遥遥领先，可喜可贺。当然，这不是说以后可以不学语文了，只是说，有这么好的基础，保持认真学习，语文上的优势可以一直在，甚至可以拉大与别人的差距。学无止境，中文又是长寿的、丰富的、优美的、强大的，想灵活运用每一个简单的字，都要付出很大的努力。文章写得好的人，无不入迷似的践行终身学习。中文有神奇的魅力，令人欲罢不能。如果因为写好了一篇文章，或者某个阶段语文成绩好就想停止学习中文，那恰恰证明语文不够好，很快会落后。

你们母女的来信，让我想到老子的“反者道之动”，意为事物发展到极端就会向反方向运动；让我想到孔子的“中庸”，事情过头不好，不及也不好，过左过右，都不好，应该回归不偏不倚的状态；也让我想到列宁说的“可以把辩证法简单规定为对立面统一的学说”。这三者跨越时空，表达的意思都是要辩证地看问题。不学辩证法不智慧，不学辩证法不安宁。

学了辩证法，你不会害怕对立。对立看起来是坏事，但可能转变为好事。这种转换，在你们的来信中提到好几次，只是你们都没有意识到，甚至为此焦虑。

第一次转换是小周同学被三甲儿童医院确诊为多动症。生病不是好事，但因为治疗，父母陪伴孩子的时间更多，对孩子更有耐心，对孩子的情绪起伏更敏感，与孩子一起进行的活动更多，完成的任务更多。这增加了家人之间的爱，也成为治病的药。坏事变成了好事。现代医学有个弊端，几乎为任何一个不标准的行为安了一个病名，孩子很容易被诊断为病人，这一让家长绝望——得病了，就完了；二让家长偷懒——既然是病，吃药就行。我的意思当然不是不看病，不相信现代医学，而是得病了不要紧张，要有耐心、多陪伴。多亲多抱，从来是神药。

第二次转换发生在小周同学觉得自己美，长时间照镜子。一般人会认为这是臭美，浪费时间，不是什么好事。但是考虑到小周同学多动，不容易专注，在镜子前臭美，却香起来了，这不就是专注的体现吗？此时专注力就在脑部生长。

第三次转换发生在小周同学同桌太“酷”，不爱接话，冷落她。这同桌刚好是小周同学的对立面。老师这么排座位，是别有深意的。一个话太多，一个话太少，一个“臭美”，一个“邋遢”，一个太热，一个太冷。你们中和一下，就不会那么极端，辩证一下，两个人都能进步。我估计你这个同桌如果给我写信，也会对你有很多抱怨。但就是因为这样你们俩才是好同桌。真给你搭一个爱说话的热情同桌，你们两个都会完蛋，全班的纪律也要崩溃。

综上所述，你们一切很好，没什么可忧愁的。

祝开心。

连岳

3

“麻烦”的人际

一个小女生同情一个被欺负的小男生

| 2024-03-22

亲爱的连岳叔叔：

您好！

我是一个六年级的女生，我最近遇到了些问题，准确地说是我同班一个男生的问题。我妈妈说您是一个非常有智慧的人，让我写信给您，听听您的建议。

我的这个同学说话有点结巴而且吐字不清，给人一种傻傻的感觉。班上有很多同学总是欺负他，无缘无故地骂他、打他。记得刚上一年级时，他没有朋友，甚至大家都有点孤立他。我也有一点点讨厌他，但我发誓这种讨厌只存在于心里，我从来没有伤害过他。后来发生的事让我改变了对他的看法。有一次放学，我忘记了拿水杯，当我返回座位拿水杯时，由于同学们都是往外走的，我又比较矮小，拼了命也挤不进去，于是我大喊："我的水杯落到座位上了，谁能帮我拿一下呀?”可是没有人理我，最后是他把水杯递到了我手里。我当时有一点蒙，那份小小的讨厌随之消失了。我们教室窗户上有一个尖锐的角，那个角正对着我的座位，他也会经常嘱咐我小心头；我没记清作业的时候他也会耐心地跟我重复说一遍。他不仅仅对我这样，对那些长年欺负他的同学也是如此。正因为如此，看到他被欺负我才会这么难受。他学习很认真、努力，成绩还算可以，我们的新班主任老师也经常夸他是充满正能量的好孩子。

他的善良、努力并没有换来别人对他的关爱和尊重。我们上小学将近六年，他也被欺负了将近六年。现在班上几乎一大半同学都欺负他：威胁他不让他报名参加运动会，踢他的桌子，扔他的书包，踩他的课本，让他把作业上的正确答案改成错的……逼他做各种事情。甚至还有一些坏孩子，把被老师批评的怨气全都撒在他身上，不高兴了还会踹他一脚。他从来都不反抗，每次我看到此类场景，都十分不忍心。有一次，一个男生让他发厚厚的一大摞作业本，他不同意，那个男生就拿书砸他的脑袋，还美其名曰这是“为班级做贡献”。此时我在脑海里大吼：“人家在写作业呢，你是眼瞎吗？为班级做贡献，你怎么不去做？请问你自己是没有手吗?”但这也只是想想而已，“无能狂怒”罢了。我最终还是没能说出这些话，我害怕引火烧身，没有勇气伸张正义。看着他受欺负我心里好难受，比我自己受欺负都要难受。我想尽我所能去帮助这位同学，但我不知道该怎么做。一是我怕跟那些欺负他的人正面交锋，他们会合起伙来欺负我，最后我们俩都被欺负，毕竟我也打不过那些男生。二是告诉老师，老师肯定会帮助他。可那些人都很善于伪装，在老师面前装得很听话。我经常想，要是我告诉老师会怎么样呢？我脑海里会浮现出班主任老师气得拍讲桌的画面，但我又害怕他不敢出来指认，毕竟他受尽欺负，却从来不告诉老师。而且以前的老师也批评过那些同学，但是也没能改变他们。

连岳叔叔，请您帮我想想办法，我该怎么办啊？

一个困惑的小学生

* * *

一个困惑的小学生：

你已经做得很好了。一个小女生为一个小男生写这么用心的邮件，这是何等的温柔，全中国没几个小男生有这个待遇。

想必，你的一些好朋友受你的影响，对这个小男生也会更公正、更温柔。一个班的人数并不多，改变了几个人，就是不小的比例，是大作为。

这个小男生其实能量很大。你看，从一年级没有朋友，大家孤立他，到现在，至少有你这个好朋友（即使你们没说几句话，但你这封仗义的邮件就证明你们是好朋友），班上有一半的同学不欺负他，新班主任也经常夸他。他为自己争取到了过半的支持者。现在不少为难他的同学，可能是嫉妒他呢。

从这个小男生改变你，获得你的友谊来看，你不必担心他的未来，他能够征服很多人。他是坚韧的，被小瞧、被孤立、被欺负，他并没有封闭自己，畏畏缩缩，反而仍然是主动的、与人为善的，还能以德服人。以德服人，天长地久，最后服他的人，一辈子都是他的朋友——其中包括那些曾经欺负过他的人。

小朋友有其残忍的一面，解决问题往往也粗暴，和兄弟姐妹打架也常见，更别说对其他小朋友不友好了。这是因为小朋友受教育不足，身上还有很多本能的兽性。所以，孩子间的冲突与矛盾是难免的，很多行为，也无法简单定性为“霸凌”。一些看起来普通的孩子，甚至像你这个男同学一样不讨喜的孩子（“说话有点结巴而且吐字不清，给人一种傻傻的感觉”），承受的压力是更大的，就算有一个人天天保护他，也改变不了这点。但是，事情都有两面性，也正是这压力，让一些普通的孩子，让一些“傻傻”的孩子，最后成为出色的人物。生活迫使他们早早去解决问题，从而生出能力。没有难题，没有压力，也就没有成长。过度保护相当于扼杀。所以孟子说："故天将降大任于是人也，必先苦其心志，劳其筋骨，饿其体肤，空乏其身，行拂乱其所为，所以动心忍性，曾益其所不能。"——也就是说，你要成才，老天爷要先"霸凌"你，让你饿，让你苦，让你不顺，这样才能修你的心性，长你的本事。你为这小男生打抱不平，又深苦于能力不够，无法扭转现状，这种折磨，又何尝不是一种"天将降大任"的磨炼呢？

力行近乎仁。努力去做，就近乎仁的境界。你写这封邮件，总结自己六年的改变，从由于外形讨厌他，到看到他被欺负，比自己受欺负都更难受。这证明你六年成长很大，恻隐之心已然强壮。恻隐之心，是仁的种子。你并非无力，而是有了大力。你能反省提升自己，这是大力。这位小男生不被逆境击倒，也是大力。你们都是走在正道上的有力人。

祝开心。

连岳

一个女孩子，好像拿了男孩子的剧本

| 2024-05-22

连岳叔叔：

您好！

我是一名四年级的小学生，经常和妈妈看您的公众号。我还看了您的“少年问答”系列，受益匪浅。我也想问您一个问题，希望能得到您的回复。

我先说一下情况：我是一个女孩子。今年九月，我的闺蜜要转学了，这也代表着，我在班上没有一个女性朋友了。

我虽然是女孩子，但好像拿了男孩子的剧本。我性格大大咧咧的，很爱讲话，脾气也比较大。正因如此，我被老师选为班长。我的人气不差，但支持我的几乎都是男孩子，这也让我遭到了一些女同学的嫉妒。我们班的女同学要么沉默寡言，要么骄傲自大，要么写爱情小说（这是老师极为不许干的事），要么喜欢做乱七八糟的手工。她们不太喜欢和我玩，我也不太喜欢和她们玩。相反，男孩子们不管是成绩差的还是好的，一下课就围着我团团转。

其次，再来谈谈我的学校日常。课间，我和一群男孩子一起玩皮卡丘（一种在我们班流行的手势游戏），好学的女孩子们，坐在座位上安安静静地看书（尽管我考试总能考前三）；体育课时，爱美的女孩子们坐在树荫下，用小草做耳环，而我，和一群男同学拿着树枝，在土里挖昆虫，手上弄得全是泥。

后来，老师告诉我，和男孩子玩要有度。妈妈也告诉我，在班上要多交一些女性朋友，不然以后上大学不方便。可是，我试了上千遍，也只有几个女生搭理我。

还有两年就要小学毕业了，这件事让我苦恼了半个学期。不知不觉写了这么多，衷心地希望连岳叔叔能给我指点迷津，感谢帮助！

祝连岳叔叔身体健康，工作顺利！

不太happy的小季同学

* * *

不太happy的小季同学：

你当班长的原因，不是你大大咧咧，爱讲话，更不是你脾气大，而是你成绩好，再加上男生们服你——“男孩子们不管是成绩差的还是好的，一下课就围着我团团转”。

成绩好，就是专业好。男生服你，那是你善于团结人。集这两种本事于一身的人，那是不多的。

男生为什么服你？因为你会他们的游戏，和他们一起捉虫。你掌握了和男生沟通的语言。在男生的眼里，这样一个女生不同于其他女生，像是我们男生一伙的，非常酷，但她又不是男生，还有点神秘。所以，一个女孩子拿了男孩子的剧本，并不是什么坏事。花木兰从军，穆桂英挂帅，都是女孩子要唱男孩子的剧本，但她们反而是令人印象深刻的女人。小女孩玩土捉虫有何不可？这是有益的学习活动。现在小朋友——无论男生女生——的生活中这种亲近土地昆虫的活动太少了，反而不健康。

男生与女生，天生有区别，偏好不同。科学实验证明了这点，我们也很容易观察到男女不同。但这不意味着我们要把两性划为不同的、不可融合的群体。女生了解男生，会一点男生的事，知道一点男生的心理，更有利于跨越性别差距。男生也应如此。男生与女生合作得好，小到家庭，大到世界，都会更好。从这点来看，男生会一点女生的偏好，女生会一点男生的偏好，也是好事。比如，一个男生像女生一样，善于把自己收拾得干净清爽，会更酷，更受女生欢迎。一个女生，能在体育比赛中赢男生，那也更能折服男生。中国人从来认为，男生女相，刚中带柔，女生男相，柔中带刚，是最美的。这是我们在性别审美上的中庸之道。刻意地割裂性别，或者颠倒性别，走极端，则不自然、不吉利。

你就是女生男相，美。但要注意的一点是，不要走极端。女生男相，是女相为主，男相为辅。还是要理解女生，女生爱做手工、爱美、爱安静，甚至写一些“爱情小说”，都没有错。你不爱这些可以，但不能否定她们。理解她们、接受她们——做得好的手工，你赞美欣赏——那么，我相信，你的女生朋友也会迅速多起来的。

祝开心。

连岳

那些讨厌的人与事,那些无理的攻击,我该如何面对?

| 2024-08-18

连叔:

您好!

我通过妈妈认识您,妈妈关注您好久了,您出版的四本《少年问答》我都看过了。

我马上就上五年级了,暑假马上就结束了,有些人很期待开学,有人不想开学,我就是不想开学的那一类。

“为什么,这么好的条件你不去上?”“我小时候有你们这样的条件早就清北了!”这种话语经常在老师和某些家长的谩骂中出现(不是我父母)。我不想上学不是因为这些,不是因为老师,是因为我无理的同学。

当我找他借笔他不借时,我会想没事,笔是人家的;当他找我借笔我不借时,他就说一支破笔都不借,小气。只要可以他还会抢,跟我关系好的都会为我出头。但我还是觉得愧疚,也不知道为什么。连叔,我不知道为什么会有这种心理。

还是希望连叔能看这封短信并解答,感谢。

祝您身体健康!

琪琪

* * *

琪琪:

你不想上学,因为学校环境中存在着一些“无理”的攻击。

我同意你的观点,这些“无理”的攻击,确实是无理的。

比如有些老师或家长说,“我小时候有你们这样的条件早就清北了!”他们的同龄人在同等条件上也有读清北的,与他们同龄的杰出人物中也有在不太好的条件下成长起来的。这足以证明,决定一个人成就的,是内因,而不是外因。君子求诸己,小人求诸人。凡事求自己,找内因,才是君子。凡事怪他人,找外因,那是小人。

你的小气同学说你小气,让你为难,甚至觉得“愧疚”。这说明你不小气,这秉性好。人一旦小气,为小利所困,视野、心胸、格局都会小,考上了清北也难有大作为。你珍惜自己不小气的名声，所以当同学说你小气时，你觉得“愧疚”。这时候就要知道，不是所有评价都是客观的、必须接受的。得看发出这个评价的，是敌人，还是朋友；这个评价是善意的，还是恶意的。朋友的、善意的，我们当然得重视；敌人的、恶意的，我们要忽视，甚至要反其道而行之。“凡是敌人反对的，我们就要支持，凡是敌人支持的，我们就要反对”。小气的同学批评你小气，让你大方，你不答应就抢，这就不是公平的，是恶意的，此时就不能在乎他的“恶评”，大可对他说：对小气的人，我就得小气，我的大方，只给大方的人。将“恶评”反弹给他。

无理的攻击，这些讨厌的人与事，会让人烦恼，让你不想上学。不过，如果我们身边没有讨厌的人与事，我们从来没有遇到过无理的攻击，那么，我们就会太脆弱，就像在无菌环境中长大的人，没有任何抵抗力。我们从小就要打各种疫苗，其原理就是让人体经受病毒的轻微攻击以产生抗体，把免疫力锻炼得更加强大。讨厌的人与事，无理的攻击，其实都是一个人心理成长必需的“心理疫苗”。不能躲，要主动面对。甚至得感谢他们败坏自己以成就我们。

祝开心。

连岳

如何建立威信，获得他人尊重

| 2024-09-29

连叔：

您好！

先自我介绍一下吧，我是一所普通初中的六年级新生，在班里担任劳动委员一职。

担任劳动委员仅几周，我的压力已经山大了，不仅同学不拿我当回事，我为班级做贡献，好像也是在做无用功。

先说第一个问题，有的同学发表了一些类似于“我只有在劳动时才是一个班委”的言论，还有甚者当我面说我是小丑，对着我大吼大叫的也有。我不知道他们是否在开玩笑，如果是在开玩笑，那就是一种很恶劣的行为，如果他们说的是实话，那就更恶劣了。我认为他们完全是在造谣，因为我今天还竞选上了优秀少先队员代表。关键是我不知道如何规避这种谣言，我要离他们远远的，远到听不见他们所说的话，任凭他们说下去吗？我的老师说："当然是让他们说了，你又不是那样的人。"老师轻描淡写地一笔带过，并没有告诉我方法。正所谓"授人以鱼不如授人以渔"，我完全不知道忽视他们的方法是什么，任由他们在我旁边说，那每天得烦成什么样？

接下来是第二个问题，我的班级是老师公认的全年级最难管的班级，因为班里总是很吵。校规上写了，遇到这种情况，班委应该及时出来制止。老师也表达过所有班委都有管纪律的责任。我的嗓门特别大，也自认纪律应该非常好管，但是我不知道为什么我大喊"安静"的时候，大家第一反应不是立马安静，而是对着我哈哈大笑，互相议论。也有可能是因为我的性格吧，平时我就嘻嘻哈哈的，严肃一点就会变得非常好笑，这也就是他们骂我小丑的原因吧。可是当副班长——还是一位女同学——出来喊一句"安静"时，全班就会马上陷入一片可怕的寂静当中。劳委再怎么渺小，也是一个班委啊，也有义务管理班级的纪律啊。语文课代表说我实在是太卑微了，的确如此。于是我就去照葫芦画瓢，模仿副班长管理纪律时的样子，没想到更加好笑了。这的确是我的问题，道法老师有教过，一味模仿别人会失去自我。

我确实觉得很累，不知道怎么解决，希望连叔能帮我指点迷律。祝连叔工作顺利,身体健康!

作为班委的学渣男孩

* * *

作为班委的学渣男孩:

当上班委,值得祝贺。想让自己的班级变得更守纪律,愿望是对的。主动出来管一管,勇气也可嘉。

但是,竟然管不住,还引得同学"哈哈大笑",甚至还得到一些人身攻击,这让你觉得"很累"。

这当然是个失败,可人正是通过失败学习的。通过失败,你能逐渐成为一个成功的管理者,那收获就很大了。

目前,你至少学到了以下几点:

一是失败的原因并非班级不好管理,因为副班长管得住。也不是因为劳动委员"官小"、卑微,不然的话,最能管得住的应该是班长。

二是你认为"纪律应该非常好管"的认识是错的。事实证明,纪律并不好管。这说明没有调查就没有发言权,做事不能主观主义。

三是"职位"与"嗓门特别大"并不天然具有权威。相反,新官上任一定会受到怀疑与挑战,越想用"职位"与嗓门压人,人家就越不服气。

你在失败之后去模仿副班长这个成功的管理者，做法很好，一则证明你没有被失败击溃，二则证明你是一个虚心的人。你模仿后却遭到更多同学嘲笑，并不是不该“模仿别人”——模仿更好的人，才能得到更好的自己。模仿没有错，模仿就是学习。我觉得，你是模仿得不到位。

我建议你把与副班长的差距一一列表，不漏过任何一点，当这些差距填平时，你应该也能像她一样有威信。

当然，人与人不可能变得完全一样，比如你无法从男孩变成女孩，你也没必要改变嘻嘻哈哈的乐天性格，要着眼于本质区别。

比如，她是不是成绩比你好很多？毕竟，你自称为“学渣”。成绩是学生的硬通货，成绩不好，同学是很难服气的。在人生的任何一个阶段，都有硬通货，他人主要靠这个判断你的价值，赋予你相应的威信。学生的硬通货是成绩，一个学生如果成绩好，再加上品德好，又把自己收拾得清清爽爽的，那同学们就愿意服他。我估计，这个副班长，就是这样的。我们抓住硬通货，就抓住了主要矛盾，就能解决问题。所以，你的当务之急，不是拼命去管同学，有副班长这个善于管理的班委在，需要管班级纪律的场景，你们几乎都是同时在场的，你就让她管，你把分内的劳动管好就行。

同时，做好自己，以身作则，别人没纪律你有纪律，别人偷懒你勤奋，别人退步你进步。当从成绩到品德，从身体到心灵，你都能让同学们佩服与喜欢时，即使你不是班委，也能影响很多同学。“其身正，不令而行”，是管理的最高境界。

祝开心。

连岳

夹在老师与同学间，左右为难的生物课代表

| 2024-10-20

尊敬的连叔：

您好！

我是一名初一学生。平时妈妈总是和我说起您，我也看过您的文章，知道您是一位愿意给成长路上遇到挫折烦恼的少年们指点迷津的智者，所以，我也想向您请教一下我遇到的难题。

我是班里的生物课代表，每次老师布置的作业第二天都要收上来，但是每次收的时候，很多同学不带，甚至不写，导致我们班交的作业还没有其他班交的一半多！生物老师批评我没有尽到责任。我也试着想了一些办法，比如把没交作业的同学的名字给老师或头天提醒他们，但他们从来都不听，还总是找借口说："今天又没有生物课，我为什么要带？"我因此非常烦恼。

另外，我们班还有一位生物课代表，但是她每到收作业的时候都找朋友玩。我让她帮我收一下，她也只是收那一两本就走了，剩下的都让我自己收。给老师反馈了这件事情也没有用。

所以，收生物作业这件事给我造成了很大的压力，感觉自己夹在老师和同学之间好倒霉。同学不愿交，老师也在批评我。

请问连叔，我该怎么做才能让同学们交作业的同时，还能和同学们保持良好的关系呢？希望您能看到我的信，帮我出出主意，感谢您！

祝连叔和您的家人身体健康！

一个万分苦恼的初一新生

* * *

一个万分苦恼的初一新生：

一个人，总有他的职责，把职责划分清楚，有时候烦恼也就消失了。所以孔子说，不在其位，不谋其政。不是你的事，你不应去管，要由在那个位置上的人去管。否则的话，事情就会变得双重的坏——一是你不在那个位置上，下级管上级的事，你没有相应的权力，上级管下级的事，或管同级的事，若调查研究不够，对具体事情不了解，都会导致事情管不好；二是你随便插手，似乎是帮忙，却让原本应该做事的人缺位了，失职了。

你作为生物课代表，职责是什么？我觉得有两块：一是生物课要学得好，在专业上取得代表性，这一块你没有谈到烦恼；二是协助老师完成教学任务，主要体现为帮助收发作业。你“把没交作业的同学的名字给老师或头天提醒他们”，已经尽到责任了，在这个前提下，同学们依旧不做作业、不交作业，解决这个问题的责任就在老师了。只有老师对他们进行指引、批评和惩罚，才能解决。这事不是你应该烦恼的。即使老师因此批评你，你心里知道不是你的责任就行了。还有，若有两个课代表，那可以分工，一人收一次作业，两人之间把责任划分清楚。两人间分责任（东西），最好的办法是A来划分，B先选择，这样最公平。

把该做的事做好，不该做的事，就克制住自己，不瞎管，也不瞎背锅。这样，既能把事情做好，又能少掉很多烦恼。小到当课代表，中到操持家庭，大到管理国家，都是如此。这就是孔子所说的“君君，臣臣，父父，子子”，领导有领导的样子，下属有下属的样子，父亲有父亲的样子，孩子有孩子的样子。这样的社会便是人人尽责，人人满意的好社会。相反，君不君，臣不臣，父不父，子不子，每个人都去管别人的事，就像现在很多网上的空谈家一样，什么事都议论，什么事似乎都能干，最后是什么事也没干，自己的事尤其做不好。最终整个世界乱糟糟的，每个人都特别忙碌，却没有成果。

只要自己的事情做完了，其他的，由他去吧，由该烦恼的人去烦恼。

祝开心。

连岳

当中队长，就要委屈自己吗？

| 2024-11-17

连岳叔叔：

您好！

我的妈妈是您公众号的粉丝，她给我买了您的《少年问答插图版》，我特别喜欢，天天带着去学校看，还推荐给同学们。最近我遇到一些困惑，实在忍不住想写信向您求助。

先来自我介绍一下，我是一个三年级的小学生，女孩，学习很好，热情且原则性强。新的学期，我刚被大家评选为中队长（您可以理解为班长），我非常开心，不过不久后，麻烦就来了。

我们学校组织了跳大绳比赛，还有二十多天就要开始了。摇绳子的同学把绳子摇得特别快，我建议慢一点，因为上次我的眼睛被绳子抽到了，红肿得厉害，还去了保健室。结果H同学和我说："你被打到，就是你技术不行！体育老师让用这个速度！"当时我很生气，她怎么那么不尊重人呢！于是我当场就说了一句：“你厉害，你一个人跳能行？”说完我就离队了（因为Z同学和B同学也要我离开，我感觉特别没面子才走的）。后来她们又找了预备队比较厉害的X同学去她们队，可X同学一点也不认真，练到一半就跑了，整个队又少了一人。

回家后我跟妈妈说了这件事，妈妈劝我，作为中队长要为班级整体荣誉考虑，不能因为感觉没面子一气之下就离队，而且与同学要好好说话，多包容。我觉得妈妈的话有道理，于是第二天，我跟班主任申请归队了。

一个人的时候我还是有点生气，中队长就不能有自己的脾气吗？什么都要忍气吞声吗？H同学平时跟我很要好，向我请教问题，我都会帮助她，即使离队的那天，她跟我请教数学题，我也给她讲解了。我感觉H同学是那种需要你时求着你，不需要你时让你走得远远的人，您觉得我还要不要和她做朋友呢？另外，我更纠结的是如何做好一个中队长，是要像妈妈说的那样，处处为班级考虑，为同学们着想，多包容，好好说话，做好老师的助手、同学们的榜样，却有时候要委屈自己吗？

非常期待得到您的回复，祝您身体健康，长命百岁！

一名不想委屈自己的中队长

* * *

一名不想委屈自己的中队长:

一个集体, 小到家庭, 中到班级, 大到国家, 是需要领导者的, 中队长 (班长) 就是一个领导者。没有领导的集体, 一盘散沙, 脱离集体的领导, 孤家寡人, 会很快下台。

大多数人 (甚至可以说是所有人) 是想成为领导者的, 就像你班上的任何一个同学, 被任命为中队长 (班长), 都会开心、自豪。这可能是基因中天然的竞争性决定的。

只有极少数人最后可以成长为领导者。因为成为领导者的要求很高, 在成长过程中, 很多人达不到要求, 慢慢被淘汰了。小时候当中队长 (班长) 的人不少, 但他们长大了未必能够领导一个家庭。

领导者要专业能力强, 比如你学习很好。但专业能力强的人, 很多人后来成不了领导者, 甚至成为很难合作的人, 有些还会被集体孤立, 空有专业却无用武之地。

领导者最重要的能力, 恰恰是"能受委屈"。领导者受的批评是最多的, 做不好要被批评, 做得好, 群众一时理解不了, 也要被批评。"宰相肚里能撑船", 说的就是这么一回事。一般来说, 能力强的人受不了委屈, 但领导者就得既能力强又可以受委屈。

你是能受委屈的。H同学当天批评你，你心里有气，但还指导她数学题。作为一个仅仅三年级的小朋友，这个肚量是大得能撑船的。你的形象，在H同学眼里也会高大很多。受委屈，相当于收获尊重，一体两面。一被批评就报复，那不可能成为领导者。我们前面说过，领导者受到的批评是最多的。就算是受了错误的批评，也不能报复，只能等着别人慢慢理解。

何况，H同学对你在跳绳上的批评，有其合理性。若是为了锻炼，那不必过于追求速度，大家都能参与。但为了比赛，就得追求速度，只有能力最强的人才能参与。如果你达不到要求，可以接受批评，主动退出，推荐能力更强的同学参与，你做好协调、组织工作，就是更恰当的处理方式。这样，你不会一气退出，也不会出现替补的X同学半途而废的被动局面。当然，长一智，得吃一堑。经过这事，你下次遇到同样的事，一生中遇到同样的事，都会处理好。

祝开心。

连岳

4

怎样爱父母

操心父母买房的初中生

| 2024-03-26

连岳叔叔：

您好！我是一名初中生，妈妈给我买了您的《少年问答》。这本书让我看到了同龄人的不同问题，让我看到了更丰富的世界，也让我对人生困难有了新的定义。今天我想询问的是关于我父母买房的事情，目前他们意见分歧严重，这让我很不安，不知道要怎么安放我的立场。

我们生活在江浙的三线小城，自从我记事起爸妈的工作和生活似乎就没有什么变化，他们都是1982年的，我还有个弟弟刚上小学。我们和爷爷奶奶住在一个小区不同的房子里，一家人很和睦，可以说是相亲相爱一家人。但是这两年我妈妈一直想换一个大点的房子住，从大平层看到有天有地的排屋。她总说等换了房子，就可以养宠物了，就可以种花种草种菜了，就可以有独立的书房了……她很会种花，也爱看书买书，还爱做好吃的，也随我们从野外带来种子、石头、木块什么的在家里做实验，所以，她觉得家里太挤了，需要更大的空间。她说装修可以让她和更多人接触，让生活和经历丰富起来，还说以后我和弟弟带女朋友回家也有更多的独立空间。我觉得她想得太远了。另一面是我爸爸，他觉得现在住的地方挺好的，上学上班都方便，还可以和老人互相照应着。可能更大的原因是经济上的，再买一个大房子，就要花掉家里的积蓄，加上装修还要贷款。妈妈说贷款五年就能还清，但是爸爸说不能把钱都花在房子上，爷爷说："你们还有四个老人需要赡养，两个孩子需要抚养啊！"大姨说："有没有考虑以后送孩子出国学习？"上个周末，妈妈在听了各方面的意见后沉默了两天，精神状态很不好。昨晚妈妈问我："如果我们买了大房子，以后给你和弟弟的钱少了，你介意吗？"我想了想回答："妈妈，那是你们的钱，要怎么花，你们自己决定。"妈妈拥抱了我，似乎松了一口气，但是她还在犹豫。

爸爸和妈妈因为这件事在冷战。我也在想买个房子要那么贵吗？这些钱可以让我在学校里吃几十万顿午餐了，弟弟可以买多少奥特曼卡片呀。再说小区里还有我最要好的几个朋友，我也很喜欢我现在的房间，说实在的，我不想离开这里。

所以，连岳叔叔，您怎么看妈妈一定要买大房子的事呢？花那么多钱真的值得吗？爸爸说住别墅排屋是奢侈浪费，但是我妈妈平时很节俭的呀。

感谢您在百忙中看我的信，也希望能早日收到您的解答，谢谢！

此致

敬礼！

一个不想搬家的男孩

* * *

一个不想搬家的男孩：

看到妈妈精神状态不好，你在自己还没想清楚之前，先用一个正确的原则安慰她："妈妈，那是你们的钱，要怎么花，你们自己决定。"这很聪明、很温暖、很理性。我们的一句话往往决定家人的心情走向，如果他们正处于情绪的临界点上，一句冰冷的话（可能是正确的）就会成为压垮骆驼的最后一根稻草，而像你说一句温暖的话（可能是废话）却能让人度过最难的时光。最难的时光，可能是一瞬间，可能是短短的几天，过去了，幸福依旧，甚至会更幸福；过不去，幸福可能就会减少。我们要当一个帮人渡过难关的人。这就是"君子之道，温而理"，即有温度的理性才是君子之道。

说到换房问题，一些关键的信息你没有提供，比如现在住的房子多大，妈妈喜欢的排屋别墅是不是离城很远。这让人难做判断。我从你信中拼凑了一下全景，应该是这样：从你懂事到读初中，爸妈生活工作没什么变化，那房子应该是从当时住到现在；一家四口人，没有独立的书房，空间可能不大；妈妈想换房子，提升生活品质，测算后，贷款五年能还清，那说明换房并非无法实现的空想，只是妈妈对美好生活的向往。

爷爷提醒你妈妈以后要养四个老人与两个孩子。大姨提醒你妈妈以后要送孩子出国留学。这些提醒当然都有道理，但唯一没有被考虑到的就是你妈妈。她是一个节俭的人，赡养与慈育，她一直做得很好，你们的大家庭一直很和睦。妈妈在尽了自己本分，家庭经济又可承受的前提下，想让自己住得舒服一点，不很正当吗？反对意见给她很大的道德压力，似乎她换房子近似于不想照顾老人与孩子，我觉得这不公平。尤其是大姨的意见，更是太虚。谁规定一定要送孩子出国留学？孩子难道不能一路奖学金读到毕业？你因为有朋友不想搬家，爸爸因为离爷爷奶奶近不想搬家，你们都因为舒服不想搬家，那么，妈妈也想舒服一点，为什么就不行呢？为什么总是要用妈妈的不舒服来迁就你们的舒服呢？难道你们不能迁就妈妈一次？好妈妈奉献惯了，家人反而容易忽略她的需求。两年以来，妈妈有这么强烈的换房愿望，家人还是要站在她的角度想一想。再说了，三线小城，怎么换，一家人见面都很方便。

真买到一套好房子，反而是家庭支出里最不奢侈浪费的，除了生活品质提升，房子还可以留给孩子。

以上是我的一些原则性思考，希望对你们家的具体决策有所帮助。无论最后有没有换房，大家都不应该是委屈的，尤其是妈妈。

祝开心。

连岳

父母为钱争吵，我忍不住泪水，我是累赘吗？

| 2024-08-25

尊敬的连叔：

您好！

我是中考后在图书馆偶然发现了您的一本《少年问答》，阅读后很喜欢，接着关注了您的公众号，每周都会看，一直到现在。目前我就读于某市的重点高中普通班，9月份开学就高二了。

我很爱我的爸爸妈妈，我觉得他们辛苦照顾我长大很不容易。最近暑假，和他们发生了一点事，不算是吵架，但是使我产生了一些困惑。

从我小学有印象开始，爸妈常会因为我在学校和学习方面的一些开销由谁来支付而争吵。小学时爸爸支付了三四百的校服礼服费用，回到家后妈妈说家里食用油没了叫爸爸打几百块钱给她买油，爸爸就会说：“女儿校服几百块都是我出，我哪有那么多钱，这点油钱你不会出吗？”初中时，每学期家委要求每人交一百多班费，妈妈在班级群里，就由她支付，交完后她会叫爸爸把钱打给她，爸爸就会说：“家里电费都是我交，几百几百地出，女儿这点班费你不能自己出吗？”高中时，学校给我们订了特别多练习册，要900块钱，也由妈妈在群里付。之后她向爸爸要回这900块，爸爸不肯，两人又吵了起来。

这次暑假，就是因为我的公交卡只剩12元了，马上要开学了，要充钱进去（我每周都自己搭公交回家），加上要买些开学用品，妈妈就叫爸爸打钱过来。爸爸说：“家里房贷是我交，现在这个档口租金加水电费又4 000多，赚都赚不到4 000，哪来那么多钱？”妈妈说：“女儿学费800是我交，每个月在校伙食费也是我交，各种学杂费也是我交，我每个月就2 000哪顶得住那么多？”他们在饭桌上一直讲，我没忍住，又想起以前也是这样，哗的一下就哭了出来。

我也不知道我为什么哭。是怪爸爸妈妈太穷了吗？好像不是，爸爸现在顶着4 000块档租每月要交，妈妈每月2 000块的工资这么多年也挺了过来。他们尽自己所能给了我最好的，把我养到16岁。是怪我自己太没出息了吗？眼看自己家的经济每况愈下，我却没办法帮助父母什么。我虽然在重点高中，但每次考试都在班级垫底，只害怕我大学考了个高价二本之类的学校，对不起父母这么多年的付出。我觉得我特别没用，他们辛辛苦苦赚钱，我连个试也考不好。

一讲到有关我的钱，天使就变成了恶魔，蓝天就变成了末日。父母谁都不愿意主动支付，谁多交一点钱就好像要了他的命。就连在外打工的哥哥每月给父母打2 000，也不愿意给我交800的学费，我是家里的一个累赘吗？我是不是给家里添了不必要的负担？可是我觉得爸爸妈妈是那么爱我，为什么会这样呢……

这也给了我一个启发，我想，我以后结婚了，要在家里建一个"公共账户"，每个月谁发工资了就往里面放一点，谁的工资多谁可以多放一点。买房，赡养孩子，只要是为了大家的利益而不是个人的花费，都可以用里面的钱，但是给自己买东西就要用自己的钱。连叔怎么看待这样的家庭财务管理方式？或者您有什么更好的方法避免出现我家这样的情况？

我还是想努力学习，用自己的力量去改变家里的境况。家里也没有穷得吃不上饭，该花的地方也还是花，只是父母每个月的收入刚好用完。我不该哭的，给他们增添了负担，但是我不知道为什么我每次听到他们在饭桌上讨论这些事，就怎么也忍不住泪水，连叔可以告诉我，我为什么哭泣吗？我心理出现问题了吗？我该怎么办？

祝您和连太身体健康，天天开心！

never give up

* * *

never give up：

你这封信体现出你观察细致、思考深刻、行文流畅，你又在重点高中，这让我相信，你高考不至于只能考上高价的二本。能写清楚一篇文章，学习能力就在人群中处于前10%了。对自己要有信心。

你听到父母为钱发愁，甚至争吵，忍不住流泪。我觉得，这不是什么坏事，因为有些世间的真相，就是要心酸、心痛得流泪才能认识。

世间的一大残酷真相是：钱总是不够用的。你将来成家后，在家设“公共账户”这个方法我不反对，但结果可能和你父母现在差不多，还是会有捉襟见肘的时刻。绝大多数家庭，就是夫妻双方都有工资收入，无论怎么排列组合，朝三暮四，朝四暮三，也增加不了总量，四与三，加起来总是七。

不过也不要害怕，不要等钱够了再做事——如果这么规划人生，那么永远都做不成事。世间的一大温暖真相是：钱不够用，日子也能过下去。我从你的信中，还看到了你父母的了不起，你从小到大，记忆中他们就为钱争吵过这几次，但是，你看不到的，也没有激烈刺激你形成鲜明记忆的，他们默默为孩子交钱的次数，可能是几百次、几千次。他们是收入不高，但照样养育了一儿一女，儿子工作，每月交两千回报父母，很孝顺，你这个女儿也体贴父母，这说明他们的教育是成功的。人生什么事也没耽误，这才是真正的富裕。赚钱不就为了做事吗？赚了很多钱，但没家庭，没孩子，恋爱也不敢，生娃也害怕，眼里只有自己的享乐，心中没有一丝对父母、对社会的责任，那钱再多，不也失去意义了吗？

你成绩不好，但我注意到，你父母似乎没有为此责怪你。他们会为你的各种费用互相埋怨，但从来不埋怨你：我们这么辛苦，你成绩却不出色。他们只管做好他们的事，每天煮好吃的给你，为你筹集各种费用。这怎么是对“累赘”的态度呢？心甘情愿为你累，为你争吵，这是全天下父母对儿女最不易觉察的深爱。

父母难当，因为孩子小时，只看得到他们的批评、争吵、为难、窘迫，瞧不起他们做为凡人的无能与失态，还难以体会到这一切表面下的挚爱、团结、坚韧、达观，以及让人景仰的凡人的大能与大度。我们都要这样长大，不困就无知，不哭就无仁，不难就无勇。“知、仁、勇三者，天下之达德也。”现在网络上有一帮所谓的“心理学家”“教育专家”，利用孩子的年少冲动，挑唆他们抓住父母一句失言、一次失态，上纲上线，让孩子无限揪斗父母。“家庭有害论”“父母有罪论”成为“真理”——原生家庭皆祸害，童年心理都受伤——把家庭全搞乱，把父母都批臭，他们才好收咨询费、卖课程、割韭菜。在我看来，这就是犯罪。要远离这些坏人，更多用同情、用体谅、用爱去看父母，看一切普通人。“尊贤而容众”，尊敬贤能，宽容大众；“嘉善而矜不能”，称赞善人，但同情会犯错的、能力有限的普通人。坚守这个原则，当我们是孩子时，我们会爱平凡的父母，当我们是父母时，我们会爱平凡的孩子，我们的家，即使钱不怎么够用，幸福却永远足够多。

祝开心。

连岳

家里经济状况紧张，一个爱妈妈的孩子感到为难

| 2024-09-01

连叔：

您好。

我是一个六年级的学生，有一个读高二的哥哥。妈妈的月薪大概是三四千，爸爸的月薪比妈妈高，但也没有高很多（之前问过爸妈的工资是多少，爸妈没明说）。

昨天下午，我和几个同学去A同学家做项目式学习。学完后我们在房间里玩蒙眼抓人（把眼睛蒙住抓人）。在一个回合中，A同学撞到了柜子，柜子上的奖杯就摔了下来，我的眼镜正好放在桌子上——我近视了，戴了眼镜，但怕碰撞把眼镜弄坏了，所以就把眼镜放在了桌子上，也和同学们说了不要碰桌子——奖杯砸在了眼镜上，有一个镜片被砸坏了。

后来我们跟A同学妈妈说了这个事，A同学妈妈表示愿意赔偿。然后我跟妈妈打电话说了这个事情，让她带我重新配一副，然后让A同学妈妈赔偿。

妈妈下班回来后（妈妈的公司离家挺远的，她大概11点到家），跟我说了这个事情，批评了我，她认为是我没保管好自己的东西，放在别人家桌上。妈妈问我怎么办，可是我也不知道，但我必须回答她，我就说我花自己的钱去买。妈妈又问，万一下次我再弄坏了怎么办。后来我说的方案，妈妈都给予了否定。

我现在苦恼的是该如何选择。

1. 让A同学妈妈赔钱。但是我的眼镜和别人的不一样，是调节眼镜，要1 800块钱。妈妈把最好的给了我，全家就我的眼镜最贵，我的眼镜可以买妈妈六副眼镜了。我想A同学妈妈肯定不愿意付啊，这么多钱。而且这几天都要去A同学家，让我感到不好意思。

2. 花我自己的钱买调节眼镜。

3. 买度数眼镜（普通眼镜）。

4. 不配眼镜。但是我的度数，不戴眼镜，看不清黑板。

我们家的经济情况我也知道，马上要开学了，我的学费、生活费、课外兴趣班的费用和哥哥的生活费，零零散散加起来就有一万多了。我们家还没到小康生活水平。爸爸平时只负责五分之一的家务——做饭(妈妈公司经常加班),骂骂我而已——妈妈负责五分之三,我负责五分之一。可以说妈妈付出得更多。像我上面说的我和哥哥的费用都是我妈妈付的(爸爸会不会给妈妈钱我不清楚)。

昨天晚上,我还看到妈妈哭了(眼睛红了),有的事妈妈总是一个人扛着,有时偷偷掉眼泪。我很爱她。

眼镜的事责任和我有关,我也会改掉我的坏习惯。但是如何选择,我不知道,我很迷茫,这几天都要见到A同学,他肯定也很尴尬。我没有跟父母说我给您写信这件事情,因为我知道,我迷茫,需要他人帮助,需要他人的指点,但在父母面前我必须坚强。

阁阁

* * *

阁阁:

我不懂你所说的调节眼镜有无一定的治疗、纠正功能,还是只不过是镜架可以调节。如果是前者,当然只能买调节眼镜;如果是后者,那可以考虑买镜架便宜一点的眼镜。当然,原来的镜架或镜片可以用,也有局部更换的选项。

不买眼镜这个选项不成立,因为会影响你的学习。

你的选择只有一种，花自己的钱买（修）眼镜。原因有二：

一是你很爱妈妈。妈妈为这笔额外的开支哭了，你爱的她遇到困难，此时有能力帮她，那不能吝啬自己的钱。虽然你的钱攒得很辛苦，估计是压岁钱和各种奖励累积下来的。从你主动提出这个方案来看，你妈妈无论怎么为钱发愁，也没动心思挪用你的钱。

二是眼镜损坏的主要责任确实在你，不在A同学。既然是玩蒙眼抓人游戏，就应该预判到在游戏区域内的物体都有可能被碰到，你要保护眼镜，就应该把它放到游戏区域之外；否则，你让一个蒙上了眼睛的人避免碰游戏区域内的某个物体，是不合理的、没有意义的。A同学的责任小（或没有责任），真要赔，也只能赔一小部分。

这个责任划分，对你这上六年级的孩子来说，可能有一点难度，但对A同学的妈妈和你妈妈来说，没有难度。

A同学的妈妈一听就表示愿意赔偿，并没有就责任问题进行讨论。为什么？她看到了经济之外的更多问题，得出这样做的结果最好的结论——不会影响你和A同学的关系，不会影响两家人的关系，更避免为这件小事扯皮，甚至争吵而浪费时间精力。如果她的经济状况好于你妈妈，她这么做还带有一定的慈善意思。如果她的经济状况和你妈妈一样，甚至不如你妈妈，她这么做格局就更大了（当然了，可能也得在晚上哭一哭，发愁钱从哪来）。无论哪一种状况，A同学的妈妈都是义人。所谓的义人，眼里不会只盯着钱，而能从更高的角度得出更仁义的解决方案。

你妈妈一回家就批评你，是因为也知道A同学妈妈解决方案中的所有善意与格局。层次低的人，可能就顺势接受了，尤其是在有经济负担的情况下，不少人是难以抗拒这个诱惑的。占便宜是一种人性，所以人会插队，会甩锅，会偷懒，会有不劳而获的冲动，这些都会在成长过程中经历、体会、修正。你妈妈是个了不起的人，她克服了人性的弱点，宁愿自己哭，也不肯占别人一点便宜。

眼镜不小心坏了，让人心疼，但通过这事，你体会到了两位仁义的妈妈是怎么处理问题的，知道人生最重要的资产，不是钱，而是尊严和仁义，那么，这个收获就太大了，你的钱花得值。你出了这笔钱，那境界就和两位妈妈一样高了。

祝开心。

连岳

家庭破产后，我只能去公立学校读书

| 2024-10-27

连叔：

见字如面。

我是一名六年级小学生，经常看连叔的书，书里的信帮了我很大的忙。我家最近有些大事，搞得我们全家都很迷茫，恳求连叔帮帮忙。

先说一下我的家庭情况，我爸2019年欠下500万，现在在外努力工作还贷款。但我不恨我爸，毕竟他有时候还会带我出去玩。我妈是一名律师，一个月工资4 000，基本能满足我们一个月的生活开支。我在私立学校一个月学费小6万，靠的是我爷爷的退休金。我和妈妈靠她的工资过着小康生活。

今天晚上放学回家，我妈告诉了我一件让我心理防线崩溃的事：我妈的律师团队今年收入不好，解散了。这意味着我妈拿不到4 000块钱的工资了,只能自己接案子赚钱,有案子的时候可能赚得比4 000块钱还多,没案子的时候一个月一分钱也赚不到。

我感觉我们家的前景笼罩在乌云下,但我妈说她要努力供我到明年9月我小学毕业,初中再让我去公立学校。连叔我现在眼泪都要下来了,我妈用双肩扛起了我们整个家。她还说让我把这件事看作动力,而我根本做不到。

我在我们班学习成绩排前10,还算好,应该不会给我妈增加什么负担了。我手头有5 000块钱压岁钱,准备贡献给我妈,希望能帮她一点忙。

连叔,帮帮我,我能怎么帮帮我妈妈,给这个家减轻些负担呢?

第一次给连叔写信,篇幅虽短,但啰啰唆唆的,恳请连叔原谅,盼望得到连叔的回复。

祝连叔连婶每天心里都有小太阳。

迷惑的六年级小学生

* * *

迷惑的六年级小学生:

你可能有一处笔误,你在私立学校的学费不是一个月小6万,而是一个学期(或一个学年)小6万。无论何种情况,这个学费对普通家庭来说,都高得让人支付不起。

如果你的父亲不是欠下500万债务，你的教育路线应该是这样的：从私立小学到私立中学，然后去西方读个大学。耗资巨大。长久以来，这条教育路线颇受富人青睐。有些小中产，甚至极少数工薪阶层，也不惜砸锅卖铁走这条路。

人要接受的基础教育，到初中毕业才将就完成，60分；高中毕业，大部分完成，70分；大学本科毕业，大局已定，90分。义务教育规定所有中国孩子必须读到初中毕业，至少拿到60分。

中国孩子的基础教育，我觉得要达成三个目标。按重要性排序：一是世界观正确，品德有保障；二是技能能够适应现代社会，不是文盲，也不是科盲；三是熟练掌握中文。

最能完成这三个目标的，恰恰是近乎免费的公立义务教育体系。尤其是世界观教育方面，整个体系建立于传统优秀文化及辩证唯物主义之上。于传统优秀文化，教育一个人要仁义，“仁者人也，亲亲为大”，家庭责任最不能丢，“义者宜也，尊贤为大”，不傲慢，不嫉妒，善于向更优秀的人学习；于辩证唯物主义，教育一个人不脱离人民，不脱离事实，不脱离实践，不脱离进步。这个底子打好了，说实话，很多人就算成年后不怎么读书，也不致于犯原则性的错误。

实际上私立学校在技能教育与中文教育方面，水平并不一定就比优秀的公立学校高。你们家事实上破产，你被动成长，去上公立学校，这是好事。钱没了，孩子却成长了。所以，你读公立中学也是帮了家庭大忙。

祝开心。

连岳

爸爸当了近20年保安，我很爱他，但他是不是不上进？

| 2024-12-08

连叔：

展信佳，初中的时候，我在妈妈的引导下，开始关注您。您文章中表露出的一些价值观和观点让我很崇拜您。最近遇到一些问题，想请教您。

在我一年级的时候，我妈辞去了一份比较稳定但没前途的工作，回到我们这边一个庄上开鞋店。我们生活在市区，所以她每天都坐公交车去上班，很辛苦。通过几年的打拼，妈妈买了我们家的第一辆车，主要用于她进货。在疫情的那一年，我妈决定买房。她看上了一套地段还可以的洋房。我妈很喜欢这套房子，通过借钱自己凑够一百万付了首付(我爸几乎是没掏一分)。从买房到现在一直是我妈还房贷，装修费也是她掏的。入住后我妈又还了四十万，期间还有我上学的不少钱也由她支付。我很佩服她的勇敢，可能我到她这个年纪不会做出这种选择。我对我妈的印象一直是外表温柔的女强人。

上周，我妈确诊甲状腺癌（应该是叫这个名字），我的理解就是甲状腺结节大到需要做手术，还挺严重的。得知这个消息后，晚上睡觉的时候我哭了，哭到窒息的那种，我明白她这十年的不容易。做手术的话不贵，但是做完需要静养，至少要停工一个月。这就意味着我们家的经济来源没有了，不过还是可以支撑日常生活。我想要激励我爸去奋斗，我爸44岁，是保安。他的情况比较复杂，他年轻的时候是网瘾少年，后来在我妈的“改造”下才走上正轨，但整个人还是没有上进心。从我出生到现在，他一直都从事这个职业，但这并不影响他对我的爱。在我心里他还是很爱我的。他很会做饭，除了不上进，脾气有点暴躁（不过现在好多了，学会控制自己的情绪了）没什么缺点。他一直想创业，开个小吃店，但始终不敢迈出第一步。

问题一就是：我和我妈都不知道到底怎样能激励他，让他变得自信（他骨子里有点自卑，感觉自己干什么都不会成功，当然这和我爷爷奶奶的教育方式有关），让他踏出第一步。

我目前是高三生，坐标江苏，五百出头的成绩上不了什么好学校，但比以前进步多了。我时常会思考一个问题：我的成绩是否和我妈的投入成正比。从小到大我妈都很重视对我的教育，在我上学、报兴趣班这方面也砸了不少钱。她会引导我思考一些问题，使我的三观都在正确的轨道上发展。但我总是觉得自己的成绩和她的投入完全不对等，虽然我知道成绩并不代表一切，衡量一个人的标准有很多。同龄人的父母觉得我妈的教育很成功，虽然我成绩不是很好，但我有很多美好的品德。我们家一直是快乐教育，认为只要尽自己最大的努力就好，学历并不代表一切，但我还是想用成绩证明自己，证明我有那个能力。

问题二就是，到底怎样才能证明我自己对得起我妈的投入？

写到这里，脑子已经有点昏沉了，可能一些表述不太清楚，有点啰唆。这是我第一次写邮件，一些写得不好的地方还请连叔见谅。

一只想飞的蝴蝶

* * *

一只想飞的蝴蝶：

妈妈是个好妈妈。一是有挣钱能力；二是能把网瘾少年拉回正轨；三是把你这个孩子教育得很孝顺。同时完成这三项任务的女人，那不简单，世上没多少。所以家里的事，你不必过于担心，你妈妈能处理好。

现代医疗很发达，仪器很精密，很容易查出这个病那个病。这有好有坏，好的是不容易耽误病情，坏的是草木皆兵、杯弓蛇影，让人感觉好像浑身都是病，惶惶不可终日。胆子小一点的人，吓都吓出病来。癌症要重视，但不必过于害怕，现在许多癌都能治。我虽然不懂医学，但也知道，甲状腺癌属于好治的，有人称之为“温柔的癌症”。

很多病，只要心情好，症状会大大缓解，甚至不治而愈。所以医生的重要作用是安慰病人。当然，医疗的市场化会败坏这点，因为安慰病人收不到钱，只有让病人更恐惧，才能更多地卖药卖服务。建议你妈妈到公立的大医院就医（我相信她现在就是这么做的），那里的医生更能守住底线。安慰能治病，这点也说明，人人可以是医生，尤其是家人，不害怕，不慌张，把自己的事做得更好，就是帮助病人恢复。比如你作为高三生，学习不受影响，把自己照顾得更好，就是妈妈的一剂良药。

没必要劝爸爸创业开小吃店。做饭好吃不一定能开好小吃店。假设开好了，他可能就照顾不了家庭了，最后也挣不了多少钱。保安是不错的工作，一是不会被机器取代；二是工作环境也普遍不错，大多是坐在空调房里办公；三是作息规律，能照顾家庭。中国有几亿人接受过大学教育，每年还新增1 000多万大学毕业生,保安这工作,不少大学生未必能得到。

现代社会诱惑多,许多人不能坚守本业,你爸爸能坚守近20年,是优点。有人不把保安这类工作放在眼里,其实绝大多数人的工作都是类似保安的普通工作,踏实做好,就能养家。看不起普通工作,是几千年来剥削思想、等级思想在人头脑里的残留。一个人有这样的思想,最后会谁都看不起,父母也看不起,连自己也看不起,因为自己从事的也是一份普通工作。这样的人生充满怨恨,不会幸福。

我们古人说,一等之人忠臣孝子。忠臣意味着爱国,孝子意味着爱家。这两个爱,任何一个普通人都做得到。在古代如果说“一等之人宰相将军”“一等之人状元榜眼”,那会被视为没有文化。现在,不少人的观念是“一等之人升官发财”“一等之人清华北大”,那是远不如古人的大倒退。一等之人忠臣孝子,爱国爱家,现在也不过时,也是育人的好标准。你成绩的好坏,大学的档次,并不是最重要的,接受努力的结果。以后爱国爱家,你能像你父母一样爱孩子,你孩子能像你一样爱父母,就证明了父母教育的成功。

祝开心。

连岳

5

只有爱，一个人是长不大的

一个小学生要不要继续“受罪”？

| 2024-05-14

连叔：

您好！

我是一名六年级的小学生，最近我很难过，昨天还在家里哭了很久，妈妈让我问问您，有什么好办法。

上个月，我选上了学校田径队，训练很苦，我不喜欢，也许是因为我在里面是拖后腿的。我在去年校运会的时候刷新了学校的跳高记录，但是我不知道为什么，训练半个月了，我还是无法恢复状态，一起训练的同学都超过我很多了，他们总笑我是“菜鸡”“水货”，老师也说我太差劲。我很难过，我要是一直都跳不出来怎么办？

回到班上，同班同学都觉得我是去受罪的，他们每次都在我面前幸灾乐祸。好朋友也跟我说，为了训练影响学习不值得，最后还是要看成绩，又不看体育分数。我不想去训练了，但是我又很不服气，为什么我就是做不到，我不想听到同学的嘲讽，也不想最后被刷下来，那太没面子了。

怎么办才好啊。

一个小学生

* * *

一个小学生：

你手中有一张王牌，就是现在状态再不好，甚至被刷下来，学校的跳高记录还是你的。碰到嘲笑、讽刺与攻击时，你只要说："想一想跳高记录是谁的，是你的吗？"听到这句话，对方就是表面再强硬，心里也得服软。硬实力能战胜一切软言语。

理想的成长环境，总是认为像你一样的孩子应该被包围在温暖、理解与赞扬之中。但事实是，一个人成才，必然要经过冷遇、恶意与打击。一个人领先，就意味着有落后的力量拉扯他，不然显不出先进与落后。一个国家要崛起，敌国必然阻拦。在一片赞扬声中成为老大，是不可能发生的。这又是成长中的矛盾，因为孩子的家长，你的父母，不可能刻意去打击孩子。在当下这种和平富足的外部环境中孩子也不会受到打击。结果就是我们祖先观察到的——"富岁，子弟多懒"。太顺利，太富裕，太没有挑战，被保护得太好, 孩子就脆弱、懒惰, 就更不容易成才。

体育能够模拟出足够的打击。稍微参与一点体育运动就知道, 在比赛中, 对手及对手的支持者会尽力在言语上摧毁你, 即说所谓的"垃圾话"。这些话, 放在正常的生活中, 我们认为它是粗鲁的、冷酷的, 但在比赛中, 规则却允许这些话的存在。一个优秀的运动员, 会习惯这一切, 甚至受得了自己状态不好时教练的斥骂、主场观众倒戈的嘘声。我一直认为, 孩子的成长, 需要足够的体育运动, 因为它能提供健康的打击。就是一个人默默地长跑, 也要不停战胜疲惫、软弱与想放弃的念头。

我支持你带着不服气继续训练, 不要害怕那些"垃圾话", 甚至要谢谢那些"垃圾话", 那是你在其他地方得不到的养料。

祝开心。

连岳

六一难题，成长之泪

| 2024-05-24

连岳爷爷：

您好，我是一名一年级的学生，最近遇到一件事情，让我很苦恼，想要请您帮我做决定。

我家在农村，因为我们家很穷，妈妈是个残疾人，不会说话也不会干活，爷爷奶奶也老了，大伯还有精神病，所以我和妹妹常常被人欺负。

小姨一直对我们很照顾，我也很听她的话。马上要过六一了，我们排好了舞蹈，老师说要买三身跳舞的衣服，礼拜一放学后我告诉了小姨让她给我买，但是晚上吃饭的时候爷爷骂了爸爸。

我才知道小姨家其实欠了很多钱，这几年我爷爷、奶奶和妹妹住院的钱也都是小姨跟别人借的。

爷爷说，这一次六一跳舞，我和妹妹还有小姨家妹妹三个人的衣服钱都要七八百，都让小姨买，小姨撑不住，我和妹妹就不要跳了。

我给小姨说我不跳舞了，她知道原因后让我不要管，好好跳舞，可是我这一次不想听她的话了。

小姨说，那就请一位很智慧的爷爷帮我们做决定吧，然后她就让我给您写了信。连爷爷您觉得我做得对吗？

谢谢连爷爷，祝您开心！

一名小学生

* * *

一名小学生：

你才一年级，信已经写得这么好了，舞也跳得不错，一定是一个聪明健康的小朋友，而你妈妈是个残疾人，不会说话不会干活。这说明什么？说明世界上有一种非常强大的公平。妈妈病弱，孩子可能很强。你妈妈看到自己的孩子长得这么好，内心是很幸福的，也是充满了希望的。因为孩子是她的延续，孩子替她说了话，替她跳了舞。这就是生生不息的奇迹。

人像庄稼、像树，转眼就会长大。很快，你就会成年，大学毕业，参加工作，独立生活，长成像你小姨一样的仁义之人。

我同意爷爷的看法，不能再给小姨增加经济负担。小姨怕你们受委屈，只要你们要，她借钱也会满足你们。这次六一，你和妹妹因为没有新衣服，跳不了舞，心里肯定会难受、会委屈。根据我的经验，今天很多看到这封信的读者，也会急着表示：把这小姑娘的联系方式给我，我给她们买衣服。我不给他们联系方式，不打扰你们，不把这封信变成一封募捐信，而是让你们去承担这点难受和委屈。我为什么这么做？因为承担难受和委屈，是成长必经的，是穷孩子必经的，也是富孩子必经的，不经历，就成长不了。对穷孩子来说，这种经历会来得早一点、明显一点，所以有“穷人的孩子早当家”一说。如果穷人养娇子，去借钱也不让他难受和委屈，那么，穷孩子就会双倍脆弱。

任何一种处境，都可以转变为成长的养料，这就是《中庸》（你长大了会读的一本书，是中国人最伟大的启蒙书籍之一）里说的，“君子素其位而行，不愿乎其外”。在任何一种处境中，都能把事情做好，不依赖外部的力量。“素富贵，行乎富贵”，在富贵处境中，谦让好礼，不沉溺于别人的恭维与羡慕，更不会炫富刺激他人，让他人自卑。“素贫贱，行乎贫贱”，在贫穷处境中，不依赖别人的同情与资助，更不会用哭穷诉苦谋取钱财。只要都靠自己，那么，任何处境都会助力你的成长，穷也不怕。只想靠别人，那么，任何处境都会妨碍你的成长，富也可怕。

这次因为爷爷陈述了事实，你知道必须减轻小姨的经济负担，退出舞蹈表演。表面上看，是让你这么小的一个孩子受委屈。实际上，是逼迫你更快地长大。在以后的十来年里——一直到你独立之前——你都需要小姨的帮助，通过这次的事你知道小姨能量是有限的，会更珍惜她，更感恩她，更能理解善良者的仁义。孩子一般以为只要开口要，东西自然会出现——不知道那得依靠父母的工作，甚至是靠他人与世界的善意——很多人到成年依然会如此想，一被要求对自己负责，不能伸手要，就对父母、世界产生很大的怨恨，这样的人生是无趣丑陋的。而你，从一年级开始，就规避了人生的这个大坑，难道不是好事吗？

最后，还要对这位让人敬佩的小姨说一句：路还长，要量力而行，保存实力，孩子们的处境比起同龄人差一点，你不必太伤心，她们在路上流点泪不要紧，重要的是走完这条路。

祝开心。

连岳

一时的不公平并不代表人生的不公平

| 2024-06-14

睿智的连叔：

您好！随信附的是我家三年级孩子写给您的信，恳请您百忙之中查阅。如能收到您的回复，我们和孩子更是万分感激！

信是孩子今晚写的，我稍微改了些标点符号，个别字句调整了一下顺序。还有六天期末考试，我建议他先好好复习，他说还是想先给连叔写完信再安心复习，我同意了。他写完后开心得眉飞色舞，手舞足蹈，充满期盼。

孩子是个积极求好的男娃，但也时常因上课讲话、不专注而被老师找，明明心里很在乎老师的评价而且特别害怕不好的评价，却总是表现得“不听劝，没有改进”。老师对我们夫妻的评价是过分宽容，缺乏惩戒措施。他感情上比较敏感脆弱，从三年级上学期开始不知道为何每天胡思乱想，晚上会忧虑地哭泣，站在床中央不肯睡,会反复问为什么自己控制不住地想那么多,会说自己想死掉、活着没有意义等。在儿童心理门诊通过量表等系列检查,他被诊断出有点强迫症,后来通过吃了几个月的药控制了症状,现在基本正常。

我们一家三口,夫妻恩爱(我俩是高中同学,彼此的初恋),家里氛围宽松民主。总体感觉孩子内耗较重,看着阳光开朗十分热爱和擅长运动,但其实过得有点辛苦。尤其最近,感觉他又开始多想了。

连叔,我写这么多,是希望孩子的这封信能被您看见,给他的生活带来多一些的阳光和希望。作为父母,我们近一年经常有无力感,不知道哪里出了问题,感觉自己在教育孩子、面对孩子的这些问题时有点束手无措。但我也经常安慰自己,养育小孩不可能一帆风顺,波波折折是常态,这就是生活。只要心态积极,用心爱他,让他遵纪守法、善良有爱,未来一定不会差的。

谢谢连叔!

敬祝您和连太夏安!

一个爱孩子而不得法的妈妈

尊敬的连叔:

您好!我妈妈经常在微信公众号里面看您的文章,同时也关注了您的公众号。您写的《少年问答》前三本我都已经阅读完了,正在阅读第四本。看了您给别人的回信,我认为您是个很有学问的人。最近我在学校产生了一些困惑,希望您能帮我解答一下,谢谢。

首先自我介绍一下吧,我上三年级了,我在班上成绩中上。我们班上有一名女学霸,姑且叫她W吧。我们语文老师(班主任),天天说自己不会根据成绩好坏区别对待学生,但实际却不是这样。先举个最简单的例子吧,比如有一次做补充习题时,W有一道题错了,而且是最基础的错误,班主任说W只是笔误,但是绝对会写。但如果是我错了,她绝对会说我是粗心。相同的事情,发生在W身上的时候班主任会很温柔地对待她,但轮到我时却只会批评我。我把此事告诉了妈妈,妈妈给我的解答是:因为学霸一贯表现好,所以老师会更宽容一些,只要你当上学霸,就不会有这种苦恼了。我不太接受这种回答,想听听您是如何看待此事的。

再举一个例子,做眼保健操查纪律的时候,W常常偏袒好友。只要跟她交朋友的,违反纪律她就不会记学号。W的好友靠跟她的关系就可以获得老师的信任,而我们呢?只能自己想办法加油。更过分的是,不管做什么操W都不会记自己违反纪律的好朋友的学号,并且还不会被批评。我觉得这实在是太不公平了,一个在老师眼中的好学生居然这么不守纪律,反而老师一直表扬她却批评我们(其实老师应该知道)。我们真的过得好冤枉啊!这不是猜想,是真的亲眼所见。

有几次我尝试告诉班主任，可都被我的好朋友给拦住了，因为她也是W的好朋友，她说我一告，他们整个团体就要被批评了。我只好忍着，这导致我成了“受气桶”，次次忍让让我觉得很不公平，但又怕告老师后她就不跟我玩了。我左右为难，还是先咽下了这口气。爸爸告诉我：“这个世界上没有绝对的公平。”

我到底该怎么办？还是想听听您的意见。打扰了，感谢您有耐心把这么长的信读下来。

第一次给您写信，顺序有点乱，请您原谅，盼复！

祝连叔叔和阿姨身体健康、万事如意。

Moring

* * *

Moring：

你追求公平，这是应该的。追求公平之心，是人与生俱来的，“是非之心，人皆有之”。

但什么是真正的公平，又非常难理解，人要到了40岁，才能大致有所理解。那时候掉头看，才知道，有些原来以为公平的事，其实不公平，有些原来以为不公平的事，其实是公平的。

一道简单的题学霸做错了，老师会宽容，认为她只是笔误，而你做错了就是粗心。你认为这不公平，在我看来，它却既公平，又不公平。说它不公平，因为笔误也属于粗心；说它公平，是因为老师偏爱学霸，是人之常情，这也有利于班级整体的竞争与学习。如果无差别地对待，学好学坏一个样，那么，谁愿意辛苦地当学霸呢？你因为不被偏爱，被严厉地指出错误，可能因此学习进步；学霸因为被偏爱，在错误中放纵，可能因此学习退步。这又是一种公平。

用同样的方法分析违纪问题。你违纪，被学霸如实记录，导致你被老师批评；而学霸的朋友违纪，她却不记录，让他们逃避老师的批评。从结果来看，学霸的朋友敢于违纪，妨碍了自己的进步，你不敢违纪，有利于自己的进步。学霸滥用老师信任的“不公平”更有利于你遵守纪律，你是受益者，这又变得很公平。

再过几十年，你会发现，人的一生，心胸是委屈撑大的，进步是敌人（小人）逼迫的。被偏爱，短时间看是好事，长时间看，又可能是坏事，因为一个人在偏爱中容易违反原则，为所欲为，甚至心态脆弱，韧性不足。不被偏爱，短时间看是坏事，长时间看，可能又是好事，因为这让你更努力、更守规矩、更谨慎，心态也更皮实，韧性更足。

生活中的不公平，是经常发生的。我们要做的，不是事事去求个公平，那办不到。一是因为这其中大多数都是小事，不必上升到事事都裁判的高度；二是有一些不公平甚至是合理的，比如同样面对两个孩子，一个是其他孩子，一个是你，你父母肯定偏爱你。其他孩子再强再美，你父母也不会把他拉回家当成自己的孩子，把你赶出家门。如果没有这种偏爱，家庭就不存在了。

我们要做的，一是接受。别人比我们更强，受到偏爱，那是他该得的。天天去发现强者的弱点，并不会让自己更强，只会让自己更难受。要想享受强者的待遇，只能成为强者。否则，无论怎么生气，都只是折磨自己。二是我们自己要做一个公平的人，正因为我们吃过不公平的苦头，更要公平待人。比如你没有享受到学霸级的偏爱，回家对父母说“想死掉”“活着没有意义”，对父母就极不公平，他们没有做错什么，却要陷入恐惧的深渊。有一点挫折，受一点委屈，遇上一点不公平，就把压力转移给最爱自己的人，并不是一个好习惯。很多人从孩提时养成的这个习惯，会变为成长的绊脚石。他们在家里会越来越横，在家外越来越弱，越来越被人忽视。一个人变强大的显著特征是体谅父母，很少让父母担心。只要记住这点，我们的抗压能力就会逐渐变强，我们的心理就会保持健康。

祝开心。

连岳

越是聪明，越要戒慎恐惧

| 2024-07-01

连岳老师：

您好！

我看过您的很多本《少年问答》，妈妈也经常给我推荐您的作品。今天打扰您，是想请教一个问题，家长可不可以不经孩子的允许就随意扔东西，况且是在孩子眼中很贵重的东西。

我的妈妈是一位运动主播，我平时学习的位置离她直播场地太近，为了不让我学习受影响，她便让我去卧室学习。昨天她直播期间，我的任务是写三张卷子。我想这三张卷子内容也不多，于是想着拿一点其他东西，不然写完之后会很无聊，于是就带了我最喜欢的卡片进卧室。这时候被妈妈看到了，她不让我拿进去，说会影响我的学习。当时我心里很不服气，不就拿一点卡片吗，又不会耽误我的学习。

妈妈快直播了，我假借拿衣服的名义又将卡片带进了卧室，不料还是被妈妈发现了。在我的百般求饶下，她还是面不改色地将我的所有卡片当垃圾一样扔掉了。

当天下午出去玩时，我与朋友谈起了这件事情，大家一致认为妈妈太过分了，再怎么样也不能这么干，何况那都是很值钱的东西呀！晚上我思来想去，认为我俩都有错，我错在不该在学习时想着无关学习的事情——光想着玩。妈妈错在不经过我的允许就随意扔掉我的东西。

于是我鼓起勇气去找她承认错误，并且分析了她的错误，可她听了我的分析，却不愿意认错。

连岳老师，真的不是我心疼钱啊，那些卡片对我太重要了。我小时候最喜欢的东西，家长不让玩，唯一的兴趣爱好也无法被满足，现在好不容易可以自娱自乐——玩卡片既不打扰他们工作，也不耽误学习——却还是怎么都不行。

这件事情我们相互都说服不了对方，同学或者爸爸的观点都太过片面。于是一致决定找一个权威的人来为我们评评理，妈妈提议找睿智的连叔。期待您在百忙之中帮助评评理，麻烦您了。

祝开心快乐，万事顺意。

苦恼的天线宝宝

连叔：

展信佳！

我是来信者的妈妈，先简单介绍一下我们家的情况。孩子今年12岁，9月份上初中，6月19日刚参加了小学毕业考试，6月20日第一天放假在家。平时我自己在家带两个孩子，把孩子送去学校以后在家直播，主要为了自己锻炼身体的同时也有件事情可以忙。

孩子放假在家，接下来有两个选择：第一，好好陪她学习，能陪伴她们的日子随着课程难度增加，想来也不多了；第二，安排好她的学习，继续我的直播，不能挣什么钱，主打的是陪伴和坚持。

孩子说："你上午继续直播呗，我进卧室学习。"孩子也是个听话的孩子，懂事、体贴，能和大人认真交流，也知道学习是自己的事情，只是在学习习惯养成这件事情上还有所欠缺。每个周末，她都看起来很认真地坐在书桌前，但书桌里面藏着很多别的东西。上一次我没收了她写作业时玩的剪刀和卡片。我心疼卡片和剪刀都是好好的，说是丢垃圾桶里了，其实自己又悄悄把这些东西放盒子里了。

过了几天，被她重新找到，失而复得，她当时说我真是她最好的妈妈。彼此感情是好了，但我担心这样的日子久了，会像"狼来了”一样，让她变得有恃无恐。我可以一直对她好，但她的坏习惯怎么办?

另外说明一下，每个月我会给她一点点零花钱，和其他同学比起来很少，只是想着让她在外不要总是可怜巴巴地看着别的同学买吃的。也不敢给很多，一是经济条件不允许，二是觉得好好吃饭比在外面吃那些垃圾食品强。

还有就是对于她在外面买的卡片，她们的这种娱乐方式，我这个“70后”的妈妈实在有点看不懂。我们的童年娱乐多是跳跳皮筋、踢踢毽子。她跟我说有些同学一张卡片能卖200多，我实在是看不懂，认为这是一种商业游戏，甚至是文化的侵占。

想想就那普普通通的一张卡，虽然叫什么金卡，但它的印刷、成本和其他卡片都没有太大不同，为什么它能卖那么贵，无非是人为制造了稀缺性，以及在学生这个没有太多商业经验的群体中传播。

每个时代的人都有他们的玩具和兴趣，也有他们的压力和烦恼——估计一点都不比我们童年来得少，作为家长，应该怎样保护好孩子的兴趣，怎么引导孩子正确看待“卡片”？孩子希望连叔给评评理，我这个妈妈也期待连叔的指导。

天线宝宝的妈妈

*　*　*

天线宝宝和天线宝宝的妈妈：

天线宝宝是个很聪明的孩子，体现为这次母女来信的基调、节奏都由她掌控了。尤其是，妈妈写信还在孩子之后。但妈妈对孩子主要"攻击点"浑然不知，甚至说起了"资本对孩子的欺骗与利用"这个话题——不是不能说，是这完全不是这次冲突的"急所"，模糊了焦点，抓不住主要矛盾。被孩子牵着鼻子走，那家长就很难起到引领者的作用，甚至会不时陷入聪明孩子设的悖论陷阱，左右为难，丧失威信。

天线宝宝一开始就将这次事件定性为"家长可不可以不经孩子的允许就随意扔东西，况且是在孩子眼中很贵重的东西"。这个问题家长怎么答，都是错的。家长如果中计，花时间去解释这东西本身并不值钱，更是错上加错，不可能得到孩子的共情，因为在孩子的世界，衡量一件物品是否贵重，是以其倾注感情多少为标准的。就像有人会长期保存幼时的一件破玩具、一件破衣服——如果拿去卖，一钱不值，在别人眼里，只是垃圾。

结合母女的叙述，这次事件的正确定性应是"孩子违反与家长的约定，在学习时玩卡片，家长能不能处罚？包括扔掉孩子眼中很贵重的东西"。这样答案就完全有利于家长了，没收卡片，甚至扔掉卡片，都是对的，而且是家长负责任的表现，这样孩子才能养成专注的学习习惯。处罚权是教育的重要组成部分。处罚权当然不是指暴力虐待孩子，是指包括批评、严厉批评、轻微体罚、暂时或永远没收一些物品等家长与老师应有的权利。如果没有处罚权，孩子做什么事，师长都只能干瞪眼，甚至还得违心地鼓励，表示“快乐就好”，那么，大脑没有发育成熟的、多为即时快乐掌控的孩子，就必然体现为没有纪律、没有耐心、没有规矩。

孩子越是聪明，家长越要戒慎恐惧，没有规矩的聪明，就像开了一部动力强大的车，却任性地违反交通规则，结局只能是自毁和毁人。留给家长立规矩的时间并不多，孩子到了初中，规矩还没有立起来，就难了。孩子的野性已养大，体格往往也超过了父母，师长真无法行使什么处罚权了，他玩只能由他玩，他放弃只能由他放弃，甚至他为了“快乐”做违法的事，也只能指望法律来处罚他。到那时他们的人生能否回归正道，要靠小概率的自我醒悟，就像周处那样。

我支持妈妈这次的做法，包括扔掉卡片，痛了才会改，毕竟上次没有真正扔掉，孩子就不当回事。天线宝宝看了这回答可能会失望，好像一点都没哄你。确实不能哄你，因为你太聪明，已经能够控制父母，如果你从此不开始自我约束、自我教育，甚至一定程度的自我处罚，那么，你的聪明就会变成一剂毒药，耽误你。对你这样聪明的孩子，可以说严厉的话，错了必须明确指出，这样聪明有规矩的帮助，你才能快速且健康地成长。你以后还会犯错的，人一生会不停地犯错，真正的聪明是不文过饰非，不把自己包装得没错，把责任都推给别人；相反，真正的聪明是当别人指出自己的错误时，或者自己意识到错误时，能迅速改正。“不二过”，同样的错误不犯两次，这是孔夫子认为的聪明、好学。这样，错误才不会拖住我们，才能变成我们前进的动力。

祝开心。

连岳

只有爱，一个人是长不大的

| 2024-07-08

亲爱的连叔：

您好！

我今年十周岁，上四年级。（本人错别字较多，且分不清“的地得”的用法，请见谅。）最近我有一个烦恼，希望得到您宝贵的指点。

我姓梁，名字里又有个杨，所以我们班有两个同学（一个姓顾，一个姓严）给我取了很多外号，像“羊排”“凉皮”。我警告过他们两个，说再叫就告诉他们妈妈（他们都是教师子女），可他们却说：“我就叫，怎么的，你能拿我怎么着。”一边说，一边跑。我也告诉过老师，可老师却认为这样的小事，一笑而过就行了，根本不用计较。我也努力不去理会他们，可他们（准确来说应该是姓顾的那位同学）却开始叫我“臭凉皮”“千年老凉皮”这些难听的、让我想哭的外号。最过分的一次，那位姓顾的同学居然当着全班的面说我是“臭凉皮”。当时我被气哭了，可老师却还是“一笑而过”。我真的很苦恼，我是应该像老师说的那样一笑而过，还是应该去告诉他们妈妈呢？

P. S.：这是我第一次向您写信，希望您能耐心地看完，如果您能回复我，那就太好了！

祝身体健康！

一只迷途的羊羔

* * *

一只迷途的羊羔：

同学给你起外号，或者用其他方式招惹你，甚至把你气哭，往往可能是他们喜欢你。这个年龄段的孩子，还不理解自己的情感，也不善于表达喜欢，反而会以取外号捉弄人之类的方式引起对方的注意。

应对方法有两种：

一是彻底无视（至少表现得如此）。告诉老师或他们的家长，只会让他们更得意。取外号这种事情，老师与家长几乎没有办法杜绝，告了这次还有下次。你无视几次，他们觉得没意思，也就失去兴趣了。

二是魔法对攻，以其人之道还治其人之身。你给我起外号，我也给你起外号。比如这个姓顾的同学，他的外号也可以起一堆：骨头、臭骨头、咕咕叫、咕咕叫的青蛙、故障、事故……姓严的同学，其外号则有：盐巴、讨厌鬼、炎症、发炎（这又可以无限延伸：嘴巴发炎、眼睛发炎、鼻子发炎）……把起外号当成想象力大赛，同音字联想，他们每给你起一次外号，都收获一个外号，最后哭的可能是他们。

最后再说一点。

一个人的成长，需要很多爱——爸爸妈妈的爱，兄弟姐妹的爱，朋友的爱，还有无数善良的陌生人的爱。这个大家没有异议，愿意接受。谁不享受被爱呢？

但是只有爱，一个人是长不大的。一个人的成长，还得经得住恶意的攻击。这一点，就很少有人说了，绝大多数人甚至会刻意回避这个真相。

恶意的攻击，你再不情愿，迟早还是会遭遇。你越漂亮、成绩越好、越有作为、越受欢迎、越重要，相应的得到的恶意攻击就会越多。人天生具有争夺资源的动物本能，这种本能没有控制好，就会发展为嫉妒、仇恨、等级观念——不如自己的人，瞧不起、凌辱；强过自己的人，又眼红、诽谤。这种失控者有很多，或者说，每个人可能都有这种失控时刻。若一个人经不起恶意攻击，很快就会被无情地摧毁。从这个角度看，从小经历一些小剂量的恶意攻击，比如被取外号，不是坏事，相当于打了一针斗争疫苗。以后长大了，在面对更大的恶意攻击时，我们就能扛得住，能斗得赢。我们经历的一切，都是我们成长的资源。

祝开心。

连岳

想起五六年前那次被打

| 2024-07-28

连岳老师：

您好。我是一名五年级的学生，妈妈最近给我买了您的《少年问答》，我很喜欢看，书里同龄人的问题也给了我很多启示。妈妈说我也可以给您写信，我就想起了学前班时发生的一件事。

那时我还不到六岁，学前班的班主任是个五十多岁的女教师，数学和语文都是她教。每周四，她都会让我们做数学举一反三的测试卷，但里面的题课堂上没有讲过，涉及到乘除的脱式和竖式——这些知识都是小学二年级才会学的。我成绩还可以，但是我每次做卷子都会感到心慌，看到有的同学都交卷了，而我还没有做出来，我就觉得自己不如他们。

有一天，班主任让我们做一道题，我很快就做完了。老师点我起来回答，我说答案是2。可是老师眉头紧皱，同学们也发出一阵笑声。“答案不是1吗?”老师对我说,随后有几个同学也跟着起哄。我坐下来改正,但是改了好几次得出的答案还是2,我也越来越没耐心了,就拿去给老师判,结果还是错的。我又拿回去改,可是怎么也做不对,试卷也被我擦破了,脏乱无比,我很无奈,再次拿给老师判,并跟老师说我实在不知道怎么改了。结果老师二话没说,直接往我头上打了一巴掌。

我当时委屈极了,但是并不惊讶,因为同学们都被她打过。现在教委明确规定不能体罚学生,更何况她打的还是我的头,我觉得她不是一名合格的老师。

这件事,我一直没有跟爸爸妈妈说过,直到前段时间我无意中说起,妈妈才知道。她问我为什么当时不跟她说,可能是我那时还太小了,没把这事放在心上,但是现在长大一些了,回想起来却有点愤愤不平。

我很想知道您对这件事的看法。

祝您笑口常开,万事如意!

一个反射弧有点长的小姑娘

* * *

一个反射弧有点长的小姑娘:

老师在你头上打了一巴掌,你让我说说对这事的看法。其实很难说——重重地打，打得你头晕，自然是不允许的体罚，这样做的老师不合格；但是轻轻地拍一下，又是教育中允许的轻微体罚。这么做的父母，是非常非常多的，也不必因此苛责老师。

你记忆力很好，六岁的事，五年级还记得一清二楚，连做题目的细节都还没忘。这倒让我看到了你小学五年的幸福，但凡你这五年遇到什么更不开心的事，可能早就冲淡六岁的事了。现在，请你暂时离开这篇文章，回忆出这五年来的十件开心事。如果你不嫌麻烦的话，也可以用笔把它们写下来。

你回来了。现在再想一想六岁这件事，是不是就不那么“愤愤不平”了呢？这是一种情绪平衡与平复方法。人的记忆，倾向于记住不愉快的事，而忽视愉快的事。其实在绝大多数人的生活中，愉快的事远远多于不愉快的事。放纵人的本能，只想那些不愉快的事，那么，在记忆中，我们的人生就是不真实的、片面的，一个原本幸福的人甚至会觉得自己很不幸。一个人自然不能落到这种地步，那样一生就太难受了。所以，每想起一件不愉快的事，我们就要有意识地做一个平衡，想三五件、十来件愉快的事。这样，我们的人生才是真实的、全面的，我们的性格才不会偏执。所以，孟子教导我们说：“有不虞之誉，有求全之毁。”意思是，有意想不到的赞誉，也有因追求完美而招致的诋毁。你将来越有作为，知道你的人越多，那么“求全之毁”就会越多，每天都碰得到新鲜的不愉快，没空去想五六年前的不愉快。那些塑造我们文明的大有为之人，远到秦皇汉武、孔子孟子，近到现代伟人，别说“求全之毁”了，即使什么都不做都有人不停泼他们脏水。如果一个人受不了一点不愉快，忍不了一丝委屈，说明他也没什么出息。从有利于人成长的角度看，有那么一点不愉快，心里受一些委屈，也是必须的。

祝开心。

连岳

经过痛苦的优雅，才是真正的优雅

| 2024-12-15

敬爱的连岳老师：

展信佳！

我是受老妈影响关注的您。在初中时期我曾买过两本《少年问答》，阅读后认为您的三观正，表述到位，文章内容令人深省。作为一名高三学子，我在这个仅剩二十余天首考的日子向您求问。

首先描述一下个人情况，由于大脑总部的病，近几日感觉实在无法在学校待着了，故在家中疗养，学习买菜、做饭、洗衣、刷碗，照顾自己。在该过程中发现了以个人能力解决不了的问题。

1. 人贵在自知，我却没有自知之明。

我生长在一个小县城，是一个再普通不过的女孩，可我心中却特别不甘平庸，但现实却是自身的执行力与想法不相匹配。更何况之前还有一学期在与疾病做抗争。虽说在重点中学，现如今的水平也堪堪只上本科线。前几日去上海治疗，顺路去外滩游玩，看着一窗之隔的优雅女子饮酒闲谈，我心中无比羡慕。我也想自己挣很多钱，拥有高等的生活品质，身边有高知朋友闲谈，现在想来似乎是无稽之谈。学习本该是我这样的女孩最便捷的向上途径了，曾经的优势如今却也不堪一提。

而且您看，在其他同学都健康奋斗着的时候，我却生了情绪上的病，说明我抗压能力与学习能力低人一等，这样的我之后会有什么作为呢？但连叔，尽管深陷自我怀疑的泥沼，我却总存一线不知从何谈起的希冀。或许是因为我还年轻。

2. 无法掌控自己在闲余时间的行为，无法享受当下，着实羡慕自律的人。

现在在家里我拥有了大把可以自己掌控的时间，却没有把这些时间投入到学习与生活中。比如做试卷，我没做几道题就会烦躁焦虑，开始抖腿，思考做这么几道题对高考有没有用。在空闲的时候我喜欢沉溺在虚拟世界中（我现在努力把手机放在离我远的位置，并且删除了B站等视频应用），有时我还会想象自己是明星，在脑海里扮演各种桥段，真的很可笑吧。长时间不学习，发呆emo，都是我躺平逃避的体现。这些不负责任的表现让我觉得蛮对不起爸妈和自己的，败家子的样子，不学无术。

日子是一天一天地重复，在心情低落的时候，我会想该去哪里寻找“希望”。从前我是一个非常热爱阅读的女孩，书法、画画、中国象棋等都略懂一些。这些爱好或许能在我认为无聊的时光中给我一些意义与安慰，我想重拾。

想知道连叔对于每日生活是如何处理的呢？是否像我想象的那样每日都有计划，安排好时间，一如既往地向前冲。

3. 总而言之，我觉得自己很软弱。

我曾经总觉得苦难就像是掉进眼里的沙子，当沙子随着眼泪汗水流出，苦难自然就离开了，但我现在总觉得苦难像是粘在身上的胶布，怎么撕都撕不掉。前文提到的逃避现实、躺平退让，我认为都是弱者的表现，但全在我身上体现。我对自己很失望。

别人都说长大是一瞬间的事，可我为什么到现在还没有面对困难的勇气？没有振作起来、扬帆起航？会不会我这一辈子都变不成我喜欢的样子？我在害怕。

信有些长，但我真的很困惑，希望连叔能够为我解答。谢谢。

祝平安喜悦，事业持续有成！

撕胶布的女孩

*　*　*

撕胶布的女孩:

你想了解的我每天的生活, 就是简单、重复, 听起来会很无聊的。

除了法定的长假, 我每天都工作, 包括星期天。我的一天基本是这样的: 五点半起床, 吃点东西, 写当天的文章。文章推送完毕后, 处理读者的评论, 一直到十点左右。然后离开书房, 和家人待在一起, 直到吃完午餐。下午去公司 (周末除外), 处理事务, 六点之前下班回到家中, 和家人待在一起。我不吃晚餐, 等家人们吃完晚餐, 我再陪他们到九点左右, 回到书房, 读点书, 十一点睡觉。偶尔和老友聚会, 畅饮一番。偶尔也外出。我的生活可以说, 平淡无奇, 既不太累, 也不太闲。以我知天命的年龄, 深知平淡无奇的生活, 才是幸福的生活, 才是有密度的、可积累的生活。人像植物一样, 安定的环境有利于成熟。现在就是贴我钱, 让我去外滩饮酒“优雅”聊天, 我也不干。我不是高知, 只是低知, 自大一点, 算中知, 我都不干的事, 高知们也不会干的。他们更愿意在工厂、在实验室、在书房、在家里。也就是说, 时尚界渲染的生活, 朋友圈“精装”的生活, 反而和你期望遇到的“高知朋友”的生活南辕北辙, 也不是幸福生活的本质。当然, 你还年轻, 什么都想尝试，相当正常。我只是从经历过这段人生的角度告诉你，“外滩饮酒优雅聊天”这种事不重要，要装一下也很容易，只要花一点钱就可以。人生中，更深刻的、更不容易的，是你父母陪你治病，是你与疾病抗争这类事。做这些，需要爱、韧性以及漫长的时间，装是装不出来的，钱也买不到，这才是生命中不可替代的优雅。

走神、做白日梦、偶尔失控，那都不是病，是大脑需要的休息与调整。并不是你生病了才如此，我也如此，人人如此。只要不过度，就是健康的，甚至是必须的，能让人产生不少灵感。我看你的描述，没有过度，跑得出去，收得回来。

生病是让人难过的事，但也是好事，它提醒我们，生命是短暂的、脆弱的，健康是最重要的。一个人没了身体，就没了一切，这是最朴素、最基本的唯物主义常识，但我们在健康时，却会忘了这点，为了分数、为了名利、为了虚荣，过度消耗自己的身体。不让孩子睡饱，逼迫孩子玩命的，恰恰是他们的父母。不少人是生了病后，调整自己的生活，最后活得健康、长寿。你生了病，但学会“买菜、做饭、洗衣、刷碗，照顾自己”，这就是塞翁失马，焉知非福。真正的优雅，是在这些日常之中。痛苦，是人生中免不了的，可以说不经痛苦，就无法真正成长。经过痛苦的优雅，才是真正的优雅。

不必着急。很多人就是过于着急，打翻了人生的桌子。把自己身体照顾好，简简单单生活，随着时间的积累，人生的美好滋味就会一一尝到。

祝开心。

连岳

暴躁、焦虑，还动手打人，我该怎么办？

| 2024-12-19

连叔：

您好，我是一名刚上初一的学生，在母亲的推荐下关注了您。母亲给我买了《少年问答》的前三本，我都看了，有些文章也帮我解决了问题，在这里非常感谢。但我最近遇到了一些问题想听听您的意见。

我发现我的脾气是越来越暴躁了，且总是莫名焦虑，很容易被说“破防”。记得最严重的一次是骑自行车回家的路上路过公园，公园的路很窄，所以有很多人挤在一起，我是在前面一点的。突然后面有两个和我差不多大的人骑着自行车非要从人群缝里钻过来，然后就撞到了我。我没有管他们，继续骑我的车，但是他们其中一个加速到我旁边说我傻×。我当时已经“破防”了，但还是强装镇定，没有理他加速走开了。后来他们换了个路走，我偷偷跟了他们一段距离后，突然加速撞向了刚刚骂我的那个人。我和他同时被撞翻了，我们两个摔在地上，我也不管疼，踉踉跄跄到他面前，抓住他的脖子一直像疯了一样往他脸上打。那人是个胖子，全身都是脂包肌，力气好像很大的样子。但当时也不知道我哪来那么大力气，就是一直按着他。他一直反抗，也没把我推开，他一直喊别打了别打了，我反应过来的时候才发觉我在做什么。我很害怕，就赶紧骑车跑了。不仅是这件事，同学开玩笑的时候，只要我不满意，我也会很生气想揍人。同学都说我像变了个人一样，最近越来越容易生气了。对此，我也十分焦虑，甚至连课也无法安心上。这封信中可能有些偏激的语言。我是真的很想改掉这种突然出现的性格，它已经严重影响了我的生活，所以请连叔务必为我提提意见，麻烦了。

祝身体健康，万事如意！

抄熊附身

* * *

抄熊附身：

你应该是个男孩。

男孩在成长过程中，要比女孩多过一个坎：如何处理肉体力量。肉体力量和理智力量的成长是不平衡的，初中男孩，块头开始长大，肌肉迅速饱满，浑身力量，但控制情绪的理智脑，却要到二十多岁才能成熟。在这段时间里，动物脑就想掌握你。暴力如果控制不好，你打伤、打残，甚至打死人，就成罪犯了。

动物脑处理危机，基本两个选择，一是打，二是跑。你们这次冲突，双方的多次选择，其实都是在“打”与“跑”中切换。

对方先侮辱你，你隐忍，这是第一回合。对方仗着自己人多，骂你的人看起来块头比你大，赢面大，本能地选择“打”，而你隐忍，本能地选择“跑”。你的选择是理智的，打不赢就跑，即使占理，即使“窝囊”，这就是理智。理智脑就是这样慢慢长大的。理智在很大程度上体现为用忍辱、吃亏、委屈换取长远的更大利益。

但你的理智脑毕竟还弱，报复的激情控制了你。于是有了第二回合。你迅速在体位上压制对手的能力和运气，再加上恐怖的“疯”劲，让他害怕求饶，这次他选择了“跑”，把胜利让给你。你这次报复赌对了。其实对方坚持一会，回过神来，两个人打你一个，你不是对手。这一次若是赌错了，你又被人欺负一顿，那就会非常郁闷。

我要祝贺你赌对了。这并非鼓励暴力，也不是支持你做不理性的选择。在和平时代，你这辈子可能也就打这一架。这一架，对你这个男孩，是个意外的礼物。一是你知道自己有勇气，敢于以少打多，以弱打强，以后人生遇到什么挑战，你都不会怕；二是你体会过力量失控的可怕——会让你变得自己都不认识自己，运气不好的话，会打死人。“反者道之动”，失控过就更知道自控的价值，所以你会后怕。这就是理智的跳跃性成长。

我也要祝贺那个先是侮辱你后来又求饶的男孩。这不是风凉话，他从这一架中得到的教训可能更深刻。仗着块头大、人多欺负人，这是动物脑典型的“打”思维，以为轻轻松松可以占便宜，体验一把强者的“爽”感，从而表示自己更为重要。但可怕的是，真正敢打的，往往是其貌不扬的黑瘦小子，欺负的人多了，总会遇上一个。他没被打坏，也是运气。被打到求饶，当然丢脸，但这是自作自受，会让他以后少欺负人，不欺负人，这也是他理智的跳跃性成长。

男孩青春期躁动，情绪与力量偶尔失控，都是正常的。多运动。多用学习磨磨自己的心性，一道题花了二十分钟，最后做不出，端正坐着听了一节课，似乎听不太懂，都大有所得——你在这段时间中得到了自控与专注，增长了理智。

这架是意外，但有大收获，以后不要再打了。如此而已，不要有什么负担。

祝开心。

连岳

如何才能不受大环境的影响，做自己

| 2025-01-02

岳叔：

您好。我是一名初一新生，我看了《少年问答》的第一本和第四本，这是我第二次给您写信，我觉得我很需要您的帮助。

我们学校这一届的新初一，大多数要么谈恋爱，要么就是“摆烂”，要么满嘴粗口。我就被分进了一个这种情况最严重的班级里。我特别讨厌他们一直讲粗口，学也学不进去，所以每天晚上总是为没有找到好的学习方法而崩溃。

我小升初时本来打算好好努力学习，结果被环境给影响了。现在我又受了班级影响，周围人都在谈恋爱，我也谈了。我很喜欢一个男孩子，他刚开始对我没有兴趣，但是我最后追到他了。恋爱了十天，他与我都待对方很真诚。但这十天里，大部分好像都是我在主动，我不懂他到底喜不喜欢我，还是说只想玩玩我。那天早读，我看他趴在桌子上，下课后就去找他，还给了他我的皮筋，但是被他拒收了，好像在避嫌。后面他给了我张纸条，上面写着："我想一个人，我们分手吧。"没有具体原因，我哭了好久。他晚上给我发信息，问我想不想知道为什么和我分手，我实在猜不到，他说是因为家里人发现他谈恋爱了。可是他明明知道分手后我会很难受，而且他也知道这样可能会永远失去我，还是他从来没有担心会失去我。

我最近还是很迷茫，失恋的情绪扰乱了我整个生活。我的好朋友都劝我不要当"恋爱脑"，可我还是放不下这段短暂的恋情。

祝岳叔天天开心。

秋天的怀念

* * *

秋天的怀念：

班级大环境差的表现是很多人在谈恋爱，所以你也谈了个恋爱，你变成了差的大环境的一部分，因此让大环境变得更差了。

你追到手的男生，恋爱了十天，就决定和你分手，他其实才是不受大环境影响的人（当然，有家人的帮助）。如果你想当一个不受大环境影响的人，应该向他学习。他也证明，一个人可以不受身边差的大环境的影响,坚持做自己。

一个人在成长过程中,在漫长的一生中,大环境不顺,大环境残酷,大环境专门与自己作对,是常有事,甚至是必经的,否则,一个人成熟不了。大环境恶劣,但激发了你的斗志,长了你的本事,坏事就变成了好事。

一个人的成长,自己是内因,环境是外因。内因是决定因素,外因是次要因素。所以我们的古人说:“君子求诸己,小人求诸人。”那些在自己身上找原因的人,是君子,是成熟的人,是负责任的人,也是善于将不利的环境转化为有利自身成长的人。那些只会在别人身上找原因的人,是小人,是幼稚的人,是不负责任的人,也是善于将自己该做的事甩锅给环境的人,是让环境变得更不利的人。

对照一下标准,你是君子还是小人?是小人。不过不要紧,你才初一,人生还在展开,完全没有定型,将来可以成为君子。再差的班级,总有老师上课吧?总有作业要做吧?认认真真听课,老老实实做作业,你就能在差班当个好学生。差班的好学生比起好班的好学生,还更能得到老师的关爱,物以稀为贵嘛。

你进入青春期了,对异性有好感,是身体的本能反应。但是,不是所有孩子都有资格恋爱。一般来说,老师和家长会有一个不成文的标准，孩子不受伤害，也不伤害他人，且成绩好，孩子恋爱就睁一眼闭一眼，否则，就不许恋爱。你越想恋爱，成绩就越得好，这样才有资格。

祝开心。

连岳

当妈妈去世后，发现朋友都不是好人

| 2025-01-05

连叔：

您好。

想请教您对欲望和朋友关系的看法。

我是一个十四岁的初三女孩，谈不上多么热爱文学，只能说是想亲近它们。我很喜欢讨论人与自身、人与社会矛盾感、荒诞性的作品，但最近总无法沉浸其中去品味思考。

我想要认真阅读陀爷、纪德、加缪、卡尔维诺等人的著作，也想去书店书展走走看看，因为觉得惬意有趣，还想写书评，或是积累书中的一些优美好句。作家们对文字的驾驭能力令我十分向往。

除此之外，我也渴望写小故事，画原创人物，弹奏打动我的曲子。弹奏那些根据我看过的书编写的音乐，实在是让我感到身心愉悦。

以上都是我想追求实现的。

接下来是我从未告诉他人的事，全是真实发生的，自认为是客观描述。

近一周内每晚我都会看些带颜色的小说或TL漫画。其实很早之前我就开始看了，有了一次后就会有无数次，只是最近有些变本加厉。我对于爱欲并不反感，也不觉得羞耻，只是怀着复杂的情感看待。因为最近看得有些过度了，我心绪凌乱，不知道如何处理，所以想问问连叔。

人际关系方面我也有许多疑惑，且越发看不懂了。

自从妈妈去世后，我对朋友的定义产生了不解。我没有把妈妈这事告诉任何一个同学，但那时的崩溃绝对显而易见，有三四次真的在她们面前哭了，她们仅表示让我别哭，绝无更多关心。朋友们的表现令我异常寒心，她们和以前一样玩乐聊天，我的缺席对她们并无影响。我不怪她们，只是感到疑惑，如何才能和外人建立如亲人一样的感情呢？还是说朋友只是各取所需，当你还行，状态不至于太差时，一切都好说；而当你真正陷入泥沼中，即便对他们没影响，他们也会对你弃之不顾。

当我头痛欲裂在狭小厕所里无声哭泣时，或是躲在校园隐蔽角落里向着妈妈的方向号啕大哭时，又或是跑步后靠在球门上喘息黯然流泪时，朋友都是缺席的。

我记得很清楚，也绝无夸大的成分，和我关系很近的朋友，在那时没有跟我说一句话，哪怕一句问候也无。还有学校举办运动会时，我跑耐力拿到全校第二，难受到眼前发黑，另一个平时相处不错的朋友不仅不关心我，还让我帮她拎东西。我自然没有拒绝，一人走在最后面，强撑着上楼回到教室放下东西，拼命忍住恶心跑到厕所将胃里的东西全部吐出来，然后独自在不断干呕中把呕吐物清理干净。

熬过那段日子后，我在自己的努力下渐渐恢复了和朋友们的关系，甚至变得更加亲密。只是我清晰地明白这一切的虚假，时常告诫自己要保持内心的冷漠，千万不要以真心相待，不要去幻想。我只是为了和谐融洽的校园生活才与他们交流，才装出一副热心、乐于帮助别人的姿态，是为了利益而隐藏面貌。因为朋友们只在乎表象，只要表象好看，内里如何根本无人在乎。我为别人的付出是真实的，情感是虚假的，都是利益交换罢了，而我要的是舒服快乐。

本来已经习惯了，也妥协接受这样的相处模式了。但最近与另一个朋友的交往，打破了这一切。本来我与她只是能说上话的关系，有一次她无意中告诉我她父亲是清华毕业的，我便故意谈论她的兴趣爱好，接下来便水到渠成，她很快视我为知己，有空就和我分享生活，当然在这段关系中几乎都是她说我听。最让我无法理解的是，我明明压根不感兴趣，也从未真正了解她热爱的领域，却每每连声附和拍手叫好，装出一副快乐的样子，这完全打破了我之前的交友规则。和她相处时想到她父亲我便能继续忍受，但实际上我明白她父亲绝不会和我有什么关系，不能帮我什么，而她的成绩也都在C、D档之间，完全无法与我相提并论。我为什么要这么做？我很烂吧，但不能全怪我，她也完全没发现我不了解、无感于她的爱好，还是自顾自地说她的。这一切都是虚假的表象啊。那么就这样吧，我怜悯她，也对自己感到悲哀。

我不会跟年幼淘气的弟弟以及在感情方面不善言辞的爸爸谈论这些，希望连叔能给予我一些指点。

祝平安。

Fan tiger

* * *

Fan tiger:

关于欲望。

初三，青春期，对性感兴趣，这是本能。但在网络时代，也额外多了些风险。青春期的孩子接触到色情、软色情信息，几乎无法避免。这是孩子在成长中不得不过的一关。首先要明确的是，色情完全不等同于真实的感情，一个人过度沉迷于色情（已经有不少这样的人)，可能就无法开展真实的感情。当然，大多数孩子是能安然渡过这一难关的，就像你一样，过度了会疲惫、会后悔、会警惕，然后把精力放回到功课上。从这点来看，未成年人在父母的监督下使用电子产品是很有必要的，可以大大降低沉迷的风险。到了读大学时，脑部发育更成熟，自控力更强时，自主使用电子产品，色情类信息的危害就不会那么大。

你是女孩，妈妈又去世了，青春期少一个关键的引路人，更多要靠自律。一是自己要学习科学的健康的性知识。二是尽量不要把手机放在身边，阅读时、做作业时、睡觉时，把它放到自己视线之外，会大有帮助。三是设置手机使用时间，到点了有个提醒，作用也很大。

关于朋友。

朋友是好是坏，他人是好是坏，标准是什么？

正确的标准是，没有害我们的，就是好的。按这个标准，我们一生接触的绝大多数人、我们的绝大多数朋友，都是好的。

不少人会把标准定得过窄，比如，不帮我的，就不好。按这个标准，大多数人就是坏的。但其实他们并不是坏人，有时他们就是想帮你也无能为力。比如你经历丧母之痛，你的朋友们也只是十三岁左右的孩子，看到你频繁痛哭，你又不说真实原因，就算知情，他们也是没有能力开导你的，甚至会非常慌张、害怕，担心自己把事情搞砸。十多岁的孩子失去母亲，那种痛苦，只能等待时间慢慢冲淡，再过十多年，你当了母亲，有了自己的孩子，伤口才能完全愈合。所以，你的朋友们不是坏人，他们只是帮不了你，并没有害你。打击面太大，把很多好人划分为坏人，既不公平，也会让自己陷于恐慌——身边全是坏人，日子怎么过？

人的成长，要渡过许多难关，小到色情信息，大到失去母亲，终究是要靠自己，自己才是内因，他人只是外因，内因起决定作用。

再说说你的家人。

你家还有两个痛苦的人。你的父亲失去妻子，独自照顾两个孩子，在痛苦的同时压力倍增。你的弟弟，年幼淘气，他还不知道痛苦的滋味，但这痛苦也会慢慢呈现，他以后也有段很难的路要走，多陪陪他们。家人的陪伴，往往不需要说些什么，看着你，在一起，就可以了。当一个好家人，也容易——一是保持身体健康，不要让家人担心，更不要让家人再失去什么；二是放下手机，看轻虚拟世界，尽量陪伴，多活在真实的世界里。

祝开心。

连岳

6

和长辈沟通，要“对症下药”

和长辈沟通，要“对症下药”

| 2024-06-23

连岳叔叔：

希望您可以在百忙之中抽空回复一下这封信，感谢万分！

我是一名六年级的小学生，小姨给我买了一套《少年问答》。在这套书中，我学习到了不少有关学习习惯的知识，受益匪浅。

在这里，我帮小姨向您问一个问题（这也就是这封信的主体）。

小姨的父亲也就是我的外公，在年轻时身体特别健康，家中的农活大多是他在干。外公是很本分老实的农民，面朝黄土背朝天，起早贪黑地忙，把我妈妈和小姨都抚养得很好。

我的妈妈和爸爸在家乡各自经营着自己的手机店。小姨硕士毕业在省会城市工作，小姨也有自己的家庭，有房子，有孩子。

外公现在六十多岁了，可能是因为年轻时候做了太多体力活，饮食不平衡，导致现在出现了一系列的身体问题——高血压、高血脂、高血糖，还有腰椎间盘突出导致的腿脚发麻，心脏也经常觉得疼，最近还出现尿频。

因为这些身体问题，妈妈、小姨、外婆都希望外公可以控制自己的饮食，可是外公完全听不进去，他就要吃大米饭。因为饮食这个事情，家人没少和外公干架。不让吃，外公就发火，还会自己偷偷吃。

外公年纪大了，总是腰疼，大概五六年前吧，妈妈带他去上海看过医生，当时医生就让做手术，可是外公非常固执，坚决不做。每次只要外公身体不舒服，妈妈和小姨提议带他去医院，他总会说些诸如“死了拉倒”之类的话，让家人非常受伤。

连岳叔叔，外公和外婆其实都有一些退休金，虽然不多，但是足够生活，而且妈妈和小姨也很孝顺，可是外公依旧是没日没夜地在外面找活儿干。明明腰疼要多休息，明明要注意饮食，可是他就是做不到，也听不进家人的劝。

连岳叔叔，我没法理解外公的这种行为，每个人都惜命，为啥外公不知道多疼自己一点，多爱自己一点?

他是舍不得钱吗？看病需要花钱，很早之前妈妈和小姨就说过，外公和外婆看病的钱她们会承担。可是外公却宁愿花钱去找一些民间的土方法和一些不靠谱的“仙”法。有一年花了一万多买了把俗称“包治百病”的高电危的塑料椅……

他是讳疾忌医吗？这些年，那些“仙”法和土方法早就被证明了没用，为啥他还是没有获得经验教训呢？

小姨说，她没办法理解外公的行为，她不知道怎么才能让不听劝的外公更加健康一点，我替小姨写信请教睿智的连叔。

祝您平安喜乐，事事如意。

期待您的回复。

一名六年级的小学生

* * *

一名六年级的小学生：

孔夫子有句话，非常值得仔细琢磨，小至家庭琐事，大到国家大事，这句话都提供了解决方法。

这句话是“中人以上，可以语上也。中人以下，不可以语上也”。“中人”，就是水平达到平均线的人。这样的人在一个群体中，至少占了一多半，甚至更多。

和一个人交流某个话题，如果他的水平在“中人”以下（即使是陌生人，聊聊天，短时间内也可测试出来），那么，和他继续交流这个话题意义就不大。你提的建议水平再高、再有价值，他也无法正确理解，甚至会起反作用，因为他感觉到的是否定、批评。自卑一点的、敏感一点的，更是觉得你瞧不起他，想伤害他，将愈加偏执于成见。结果是我们的正确与高明将他人越推越远，使他人处境变糟，好心办成了坏事。

往大里说，治理一个国家，一定要倾听民意。但因为“中人”以下占了多数，不加区别、不加提升的民意就会误导人。每个人的声音都一样重要，每个人都一票，那么，“中人”以下的声音就会决定国家走向，这样国家就会越来越没落。所以管理国家的人，不能离开群众，但是也不能当群众的尾巴，而是要当群众的引领者。

管理一个家庭和管理一个国家，没有本质的区别，了解每个人的想法，知道每个人的水平，也是倾听民意。根据每个人水平的高低，用不同的沟通方式。“中人”以上，好办，摆事实，讲逻辑，他当下再生气，三五天后也会接受。“中人”以下，他不摆事实，不讲逻辑，那得换个办法。比如对小婴儿，就只能用“婴语”，像他们一样咿咿呀呀，比比画画，沟通反而更有效。同理，生活中不少人像你外公一样，不信科学，不信现代医学，只信土方法和“仙术”，那我们就用“仙语”来沟通。比如你妈妈和小姨希望外公休息三五天，就跟他说，有个仙人托梦，或者找什么大师算了命，你外公这段时间不宜多动，只宜居家。比如你妈妈和小姨知道外公的身体应该吃什么药，医生开了药，换个包装，告诉他是求来的

"仙"药，要严格依照大师的开示服用。相信土方法和"仙术"的老人家，顽固得让人头疼，但也有一个好处，土方法和"仙术"，我们随口就可以编一个，怎么方便怎么来。这样虽然不能彻底解决问题，但多少有点帮助，至少消除了对抗性。重要的是解决问题，至于是用科学解决，还是用"仙术"解决，那不重要。

还有一点就是，并不是所有问题都有解，并不是所有人我们都能改变。外公不愿意改，也只能接受。这不妨碍他是一个好外公，他勤奋本分，把两个女儿抚养得很好，两个女儿都成家立业，圆满幸福。这个好外公是幸福的，孩子孙辈都很孝顺，时刻惦记着他。他此生的质量已经很高。

祝开心。

连岳

人生的顶峰只有一个，上山的路却有无数条

| 2024-06-26

连叔：

您好！

我是一名不想再读高中的准大学生。您的文字潜移默化地影响了我，帮我解决了很多问题，但如今我有一问题无法解决，只好写信劳烦您，如果百忙之中您能读到这封信，请务必帮帮我！！

去年，我的高考成绩很差，正正压在本科线上，在父母的强烈要求下，我复读了。今年的成绩大概能上个双一流，但绝对上不了985。父亲不甘心，要求我再复读一年。我拒绝了，与父亲争执了长达三个星期后我依然说服不了他，我实在是不知道该怎么办了。

我不想再次复读，是因为我再也受不了我的父亲了。我的父亲对我的期望太高，对我的控制欲太强，从小到大，我的生活和

学习必须全部按他的意思来。去年高考完的暑假，父亲要亲自教我，要求我不可以有自己的想法，要按照他说的做，实际上父亲过于眼高手低，根本无法做到两个月拿下考试。而父亲却只把责任推到外界和我的身上，因此他今年决定再教一次，目标拿下C9，但我看他去年那种很离谱的教学方式（照书念然后让我抄一遍）以及他现在是从早到晚地刷手机，我直接就拒绝了。然后每天我都会遭到父亲的攻击，他嘲笑我即使上了大学，毕业以后也绝对考不上研究生找不到工作，只能回家丢人现眼。

我赞同学历很大程度上决定了未来生活质量的观点，但是我真的不想再复读，再停留在原生家庭之中了。马上就要出成绩了，我从放假以来就被关在家里，每天父亲都阴阳怪气，吃饭都在嘲讽我四年以后只能回家啃老。我真的好差劲啊！我好崩溃，我该怎么办啊？

豆腐花

* * *

豆腐花：

对你父亲，一分为三看——好的、坏的、不好不坏的。

你父亲应该有一定知识水平，能辅导你高三的课程，即使这辅导是把课文读一遍。毕竟一般的父母读高三的课本，尤其是理科，都有点力不从心。他也是个负责任的人，从小到大，抓你学习不放松，体现为某种“控制欲”。这一面的父亲，是好的。

他对文凭是很偏执的，双一流好于一般本科，C9好于双一流，研究生好于本科（从嘲笑你以后考不上研究生看得出来），自己的孩子必须爬到这条鄙视链的最上一层。这种排序一般人都认可。所以说，他这一面，不好不坏。

不好不坏的一面，容易转化成坏。只要脱离实际就会变坏。你复读一年进步了，但绝不能推导出再读一年就能从双一流进步到C9。如果这成立，大家只要一再复读就都能上最好的大学，而事实并非如此，原地踏步，甚至复读后，成绩退步的是更多的。

你父亲考大学时，大学生还稀缺，有光环。考得上的人很自豪，考不上的很羡慕。有张好大学文凭，比如C9的，那基本不愁工作，甚至是好工作。但是不考虑时代的变化，仍然持有这个观念，大学毕业就会很失望。现在大学生不稀缺，甚至供过于求了。有一个第一次出现的、具有转折意义的数据：今年普本（注：非双一流本科院校）院校的硕博毕业生offer获得率为33.2%，较去年下降17个百分点，同时也低于普本院校本科毕业生的offer获得率43.9%。这个数据对双一流学校的学生，也是有参考价值的。在大学混得越久，可能越难找到工作。除了少数有科研能力的学生，研究生文凭已成不少用人单位的反向指标。你本事又不比本科生大，年纪更大，更滑头，更难指挥，薪资要求更高，为什么要用你？

再好的大学的毕业生，如果不脚踏实地，心态不皮实，也得不到、保不住工作，从而一生都过得不如意，怨天尤人，仇家恨国。能考上好大学的孩子，从小被夸得多、哄得多，被羡慕得多，相应地，更经不起寂寞、冷遇、落后、失败，在嘲讽、攻击这类大摔打面前，心态碎裂的风险大增。人生得到一切，都得付出成本，得到聪明，成本往往就是脆弱。聪明人若一直是玻璃心，成就不可能超过皮实的普通人。只有中人之资的普通人，却可以出更多的人才。一是因为这个群体本身数量大；二是普通人，从小摔打惯了，屡败屡战，在实践中越来越聪明，积累几十年，最后就是又皮实、又本分、又聪明，可以后来居上。人生得不到的一切，也有补偿，得不到聪明，补偿往往就是变得坚韧。人生的顶峰只有一个，上山的路却有无数条。

父亲对孩子高频地嘲讽、攻击与诅咒，罕见。一般来说，这能把孩子搞垮。这是他坏的一面，极坏。但好就好在，你并没有垮，坏事变成了好事，极坏变成了极好。曾经沧海难为水，以后的人生，没什么否定能让你崩溃。

按你的决定去读大学吧。反正你父亲对你的态度不太可能改变，你就是读了C9，有一点不合他的意，照样得到一通骂。“亡亦死，举大计亦死。”不如当陈胜吴广，反了，上大学去。

祝开心。

连岳

不要和妈妈争论

| 2024-07-14

连叔：

您好！

我是一名准高三学生，就读于苏州市最好高中的最好文科班。虽然噱头很大，但我的成绩不太稳定，在班上中下游徘徊。

我自诩为一个综合素质挺强的学生：不久前在英语演讲比赛中获得了省冠军和全国亚军；在排球队中担任主攻，和队友一起获得了市冠军；作为男主角参演的心理剧被学校拍成了微电影；在校内主持的活动也都获得了不错的反响。

我和妈妈一直都有矛盾，之前遇到“不可调节”的矛盾时也想过给您写信，但是这些矛盾渐渐地也淡化了。这次我下决心找您是因为我们目前深陷一个没有解决方案的冲突。

事情的起因是期末成绩出来之后，我向妈妈坦白我和一个女生(小琳)谈恋爱了。之所以拖到成绩出来之后再说是因为担心成绩不如意又被挖苦。这次我考得还不错(年级二十名),所以摊牌的底气也足了点儿。小琳是理科生,期末考了650多分,进步也很大。我向妈妈解释我们两个人进步很大程度上是因为恋爱之后互相帮助,并且我们两个人的状态是积极向上的,希望妈妈不要有太多顾虑。

可是事情完全背离了我的预期,从她知道我和小琳谈恋爱到现在一共两个星期,她一直没停止"三观灌输"。我的想法可能比较单纯,我想我和小琳一直一起努力,成绩应该会越来越好。然而妈妈还是很纠结——她告诉我未来我可能被甩,因为我是"普男",小琳会遇到更好的男生;她担心我看到一个主动的女孩就喜欢,最后被"牵着鼻子走";她觉得谈恋爱必然会导致分心、成绩下降……

但是我觉得:第一,谈恋爱并不是影响成绩的因素,不是所有谈恋爱的都考得差,不是所有不谈恋爱的都考得好,影响成绩的不过是知识储备和考试技巧;第二,妈妈离婚了,她的婚姻不是很幸福,可能导致她对爱情彻底失去了信心,对我谈恋爱的看法也不太客观。

现在因为这件事我们每天都有近一个小时的争执,耽误的时间反而更多，我内耗也更严重。我并不需要得到妈妈对我谈恋爱的支持，我只想她也能像小琳和我身边众多情侣的家长一样放松一些、管控少一些，虽然这对她来说几乎不可能。

我想请问连叔，您觉得除了沟通以外，我和妈妈可以做些什么来减小（最后消除）关于我谈恋爱方面的分歧呢？

我衷心希望能够得到连叔您的建议！十分感谢！

蓝天

* * *

蓝天：

为这事每天和妈妈争执一个小时，你们双方都已进入偏执状态。

这偏执状态对你是不利的。每天争执一小时，一两天可能没多大影响，时间长了，必然影响学习。影响学习，你妈妈就认为她的观点正确，她更坚持。结果是你要么听她的，要么花更长时间和她争执，那又更影响学习，妈妈认为自己更正确。

妈妈就是争赢了，对她来说，也不开心。尤其是你反复提她离婚、不幸福、不如其他家长放松。一个离婚带儿子的妈妈，更不放松、更害怕儿子出错，不是正常的反应吗？因为这点，被儿子针对，这是伤口上撒盐。她的反应是自卑的表现，也是想保有自尊的表现。前者是你说了实情，后者使她更要捍卫自己的观点（即使是错的）。但说自己的儿子是“普男”，会被甩，这种攻击已经不是一个妈妈对儿子的正常态度了。

事实上双输的争论，为什么要做呢？遗憾的是，家庭中、社会上、网络里，存在大量这样的争论。究其原因，一是人的本能反应，出于自尊、出于报复，你说我一句，我就得还你两句，话赶话，谁也不退让，结果越说越恶毒、越离谱；二是对理性的迷信，认为什么事都能争出个对错。

你还处于理性的迷信阶段，认为关于高中生恋爱问题，一定有个对错。说实话，它没有标准答案，得具体问题具体分析——对这个高中生是对的，对另一个高中生可能是错的。家长可以默许、宽容这种事情的发生，但是孩子未成年，家长禁止、干涉，也有其法理上的正当性（效果好坏不论，只是说他有权利这么做）。对于这么复杂的事，首先不要指望用辩论解决问题。证明对错的，往往是事实。人是有偏见的、有感情的，不可能纯粹理性，很多人会一生坚持一个错误的观念。人到最后，只会接受（往往是被迫接受）现实。所以，高中生可不可以谈恋爱，取决于现实。你谈了恋爱，学习更勤奋了，成绩更好了，更有责任感了，没有搞出什么麻烦，那么，原本不同意的家长，也会默许；你谈了恋爱，神魂颠倒，学业荒废，人不像人，鬼不像鬼，那么，原本认为高中生身体成熟了，难免恋爱的家长，也会反对、厌恶你谈恋爱。

所以，高中生恋爱这种事，关键是结果要好，现实要美。去和父母搞个辩论，并取胜，反而不是必要的。都读高中了，对自己的父母是什么样的人，也有比较清醒的认知。知道父母会反对，但你事实上又恋爱了，那么，就不要出问题、给把柄，对女生更尊重，在学习上更努力，并不需要告知父母自己恋爱了。这样，父母知道你恋爱了（最后他们总会知道的），也会睁一眼闭一眼，给你空间。

不要继续争论，好好学习，悄悄恋爱。又不需要马上结婚，妈妈认可不认可，不是当务之急。

人生是你用“做到什么”推进的，而不是用“争赢什么”推进的。不要当妈妈爱辩论的孩子，而要当妈妈爱做事的孩子。事情做得又好又多，不需要辩论，妈妈也会越来越认同你。

祝开心。

连岳

被“恶毒推送”的资讯击溃的妈妈与孩子

| 2024-07-21

连叔：

您好！

我的妈妈总是看您的文章，也经常会让我看。通过这些文章可以看出您是一个非常清醒的正能量的人。而我作为一个迷茫的人，需要您的帮助。

先自我介绍一下，我是三线小城市的一名初二生（五四制）。小城市不如大城市，压力较小，但我自诩学习还可以，在我们区升学率第二高的初中除了第一次考试考了级部50名左右，其他每一次都没出过前30。在刚结束的期末考试里，我还考了级部第3。但是我体育确实很差（这也为下文我妈的不满奠定基础），跳绳每分钟只能跳100个左右，排球只能连续垫2个，可谓十分“废”。

这些通过练习大概都能有所提升，可我总是懒得练。我的确是一个极度不自律的人，从小学开始，我每次放假都制定计划，但从来没有完成过。后来我就干脆不制定了。

我的爸爸妈妈都是研究生。爸爸在高校任教，妈妈在我们这不错的企业工作，月薪较高。所以虽然他们看似对我毫无要求，我的假期计划完成不了他们也只是说两句就不管了，但其实他们的要求早就体现在生活点滴之中。我妈说只要我能考班级前15名就行，可我要是真考了个13、14名，他们能坦然接受吗？当然不会。

由于以上几点加某平台的“恶毒”推送，昨天我成功被妈妈“制裁”。

某平台上有一个小学女生，极度自律，而且还不是死读书的那种，她学舞蹈小提琴，会游泳打网球，还会在完成学习任务后出门跑步跳绳。总结一下她最让我羡慕的有三点：一、她能把有限的时间利用得滴水不漏；二、她能按时上床睡觉保证睡眠时间充足；三、她竟然喜欢做奥数。啊——谁懂啊，她怎么喜欢做奥数，奥数啊！！！我也在学奥数，刚上完六天的暑假班，这六天里，我经常因为奥数而哭，也总在早上7:30出发去上奥数课前通过在家里大喊“啊……怎么这么难啊！”来发泄。看完她的视频我真的要“原地去世”，这世界上怎么会有她这种自律的小孩子！和她比起来,我是什么,废物?

或许我妈也这么觉得(觉得我是废物),这很正常,因为放假这么久我的作业还几乎没写,每天上完课就“摆烂”。把我俩放一块,真是鲜明的对比。

所以,昨晚我妈又一次给我看了她的视频,并质问我是否打算“摆烂”到9月1号。

我理不直但气壮:“不是所有人都能做到她那样的。”

她说:“做不到就直说。”

我立马接道:“我做不到。”

她说:“好。”

我说了这么多,其实就是想求助连叔:我无力内卷,可面对那些内卷战神、自律之星,还有我怀揣美好期望的妈妈,我想好好执行计划,却又总迈不动步子。我是应打满鸡血地、自律地生活,还是应快乐轻松地“摆烂”?我知道自律是好的,但我可不会因为做奥数而快乐,我做不到,“摆烂”虽然空虚,但让我轻松。如果要努力奋斗,您有没有什么好方法能帮我束缚自己,远离电子产品,自觉认真学习?期待收到您的回复,无论您的建议是什么,我都十分感谢。

一个初中生

*　*　*

一个初中生：

你的自我批评过于严厉。自我批评是个好方法，非常有利于进步，也非常有利于团结其他人。家人、朋友、同学、同事之间有矛盾时，双方先自我批评（或只自我批评），那矛盾容易解决；双方都只批评对方，那矛盾就难解决，甚至会越来越大。但是自我批评也要实事求是，有一说一，自我批评得太狠，不符合事实，也会失去意义。你初中两年，除了一次，其他次次考试在年级前30。你说你“极不自律”“废”，那就不客观了，我是不信的。想必你在大多数时间还是自律的，不“废”的。甚至有可能学习效率还挺高，在不把自己逼得那么紧的情况下，成绩还在头部。我建议你要看到自己的长处，更建议你妈妈看到你的长处。

关于平台推送的极度自律的小学生资讯，我欣赏你的实事求是，表示自己做不到。大多数孩子，尤其像你这样成绩比较好的孩子，看到这类资讯时，一般以为自己也能做到，立马要跟进。所谓的“卷”，不就是这么来的吗？你上强度，我上更大的强度——你报一个补习班，我报两个；你熬到半夜12点，那我就下半夜再睡。

其实妈妈不该让你看这种资讯。不仅不该让你看，她还要首先怀疑其真实性。网络的虚假信息占多数，耸人听闻的、过于完美的、不合人性的，先认定其为假，是比较合理的自我保护。不然的话，人就天天被假信息牵着鼻子走，浪费感情。忽视身边真实的人与事，埋头在手机里随假消息喜怒哀乐，这种“脱实向虚”会毁掉我们的人生。每天发生的大事不多，扫一眼官方的权威新闻就行了。多数时间，应该生活在真实的事务中，生活在有血有肉的人群里。

退一万步说，这种极度自律的小学生，即使是真实存在的，我也不认为其行为有指导价值。一个孩子真这样长期生活，精神会出问题的。孩子的成长，需要充足的闲暇、交谈、无所事事、做白日梦、放飞自己的想象力，这样有利于脑部的发育与健康。

成绩与技能固然重要，但在成长目标的重要性上，它们只能排第三。

第一是要当一个善良的人。人性中有不少恶的成分，在后天的成长中，要能克制住，预防自己成为一个善妒的、贪婪的、恶毒的人，否则自己会非常痛苦。所以孔子认为“隐恶扬善”“与人为善”是头等重要的能力，这样才能发现别人的优点，欣赏别人的优点，最后学到别人的优点。

第二是要当一个健康的人。这点其实很容易，不需要制定多么大的目标。我很建议推行“全家每天一起散步一小时”计划，父母除必要的工作交流，不看手机，带着孩子散步聊天。这样一举三得，得到了健康，增进了家人感情，还完成了教育。漫谈是教育的重要方式，孔子、孟子不就天天和学生聊天吗？没有足够的漫谈，父母的观念怎么可能浸润孩子？太多孩子上完课就去补习班，假期比上学还忙，一天和父母说不上三句话，身体呈现不太健康的疲惫状态，这是父母在努力把孩子养成一个陌生人。

这两个目标完成，成绩不好，也有幸福的一生；这两个目标没完成，成绩再好也没用。

我建议你和你妈妈都放松一点。这个暑假，每天除了完成作业，早晨或傍晚，一家三口，多散散步、多说说话，并把这当作最重要的任务。

祝开心。

连岳

不及格的妈妈并非只有坏处

| 2024-08-04

连岳叔叔：

您好！

我是安徽一所小学的11岁女生，成绩一点都不好，因此我妈妈天天说我，比如她在手机上刷到一些关于考不上高中出去打工的人的视频时就会把我叫过去看。我看完后又把我教育一顿，我弟弟也会在旁边添油加醋。

我几乎没有听过她说我的长处，她只会说我的短处，所以我一直生活在短处里。

最让我伤心的是今年六一儿童节的前一天晚上。因为六一我要表演唱歌，那几天都在练习，所以我忘了打卡，妈妈就发话了：“你看看你现在都成什么样子了，以前作业都能完成，现在连作业也完不成了，要你有什么用？就你六一还表演，我要是你都恨不得别人看不见我，你看看你成绩多差，还去唱歌，都不嫌丢人。”我听了那些话就放弃了表演。

9月1日我就上六年级了，我想学可学不动，我想认真可认真不起来，所以连岳叔叔可以帮帮我吗？希望可以得到回信，谢谢！

祝叔叔天天开心。

一只小安樱呀

* * *

一只小安樱呀：

不是所有的妈妈都是100分的，甚至不可能所有的妈妈都超过60分及格线。这就像你们小朋友考试一样，总是有好有坏，同样一个小朋友，也可能这次考得差一些，下次考得好一些。

一个人遇上了不及格的妈妈，或者遇上了妈妈的不及格时刻，这也是常有的事。一般有两种反应：

一是伤心，对抗，破罐破摔。这是比较多见的。否定式的教育危害很大，父母的否定，危害放大数倍。越被否定打击的孩子，往往越容易失去信心与动力，健康成长的可能性自然也就下降。许多这样的孩子成年以后也走不出对父母的怨恨，一直停留在童年的不愉快里，忘了去掌握与创造自己的新人生。

二是虽然伤心，但却激发出更强大的战斗力。妈妈打击我唱歌表演，那我反而要唱好演好。唱好了她才知道自己说错了。她一打击我就放弃，她就会一直觉得自己是对的，会打击得越来越厉害。妈妈因为我学习不认真、完不成作业狠狠地挖苦我，我认真起来，高质量完成作业，她就不好意思再挖苦了。

从某种程度上说，不及格的妈妈并非只有坏处。如果孩子用好她们（当然，这种概率是低的），那么，人生可能反而会走得更强、更快、更远。因为，一个人的一生，一定会遇上许多恶意、敌意，你能力越大、越成功，要战胜的恶意与敌意也越多，这是人性中的竞争性与黑暗性决定的。有些人控制不住自己的嫉妒心，当你比他更聪明、更漂亮、更强大、更幸运时，他将动用一切手段摧毁你，这种否定比父母的否定残酷一百倍。毕竟，父母的否定还是希望你变得更好，而这些否定却要置你于死地而后快。在一片赞扬声中长大的孩子，碰上这些恶意与敌意时，往往过于意外与慌张，一下就被击溃了、摧毁了。而从小经受过打击，有过不愉快经历的孩子，相当于打过“黑暗人性疫苗”，自卫反击的能力在，恶意与敌意反而容易激发起他们更旺盛的求胜斗志。

茨威格说：“所有命运馈赠的礼物，都已在暗中标好了价格。”——得到了不要太忘形。从这句话也可推理出其对立面：所有命运强加的痛苦，都已在暗中备好了补偿，伤心时也不必太沮丧。

一个孩子真遇到了不及格的妈妈，也不是只有放弃学习与人生这种最差选择，还有更好的选择——既然妈妈不可能替换，批评她也改变不了事实，那么，我只能学习更好，对人生早点负起责任。在被动情况下，心智还幼稚的孩子，往往会做出最差选择。如果掌握主动性，想得更全面，做出更好选择的可能性就会大大增加。你能够做出更好的选择。

祝开心。

连岳

爸爸只会控制，一个痛苦的初一男孩

| 2024-08-13

连叔：

您好！

我是小升初的学生，12岁，是个男孩。

最近我要升入长沙市重点中学长郡双语实验中学了，可我却感觉很害怕。

记得我小学时数学成绩就经常一塌糊涂，每次考试都只有60多分，回到家经常会挨爸爸的骂。

我爸爸是个控制欲很强的人，他不允许我看电视剧，不允许我打游戏，不允许我和成绩不是那么好的同学玩……总之，他只让我学习，不让我干别的。

记得有一次，我数学考了86分，我自己认为自己进步了，可是他却说我考得一点都不好，连前三都没达到。天哪，我为什么要达到前三啊？他这样对我，我一点都不快乐！我有无数次想走出这个家……

我曾经把许多不好的想法画进画里，可我从来没有想过实践，自从悲催的六年级开始，我就有想实践的念头了。我每天都活在无尽的痛苦中，我很伤心，也很难过。妈妈和其他家人都对我很好，只有我的爸爸对我控制欲很强。我知道他是爱我的，但我还是觉得很难过。

连叔，真的很抱歉将您当发泄筒说这些话，希望您能回复我，谢谢！

祝您和连太开心。

诊碎ya

* * *

诊碎ya：

确实，爸爸应该对孩子公平一点。

这公平体现在几点：

不能只有批评，还要有表扬。孩子有进步，就要得到相应的表扬。越是严厉的爸爸，越不能没有对孩子的表扬。有表扬的批评，其实更有力量。永远只有批评，孩子反而会很沮丧，失去动力，他们会想反正只会被批评，那索性不做任何努力了。

不能只有学习，还要有娱乐和休息。完成了学习任务，孩子可以适当看看电视、玩玩游戏。没有任何放松的时间，每一分钟都在学习，其实效率更低，不符合大脑的发展规律。

不能只爱聪明孩子，也要爱笨孩子。平均分以下的孩子占一半多，是永远不可能改变的事实。所以，一个孩子出生在自己家，按他是笨孩子来规划一生，更合理一些。笨孩子努力了，成绩仍然不好，是常有的事，他们更应该得到同情、鼓励。聪明孩子努力一下就能够成功，笨孩子明知不可为而为之，不是更值得尊重吗？笨父母也至少占一半，可孩子从一出生就爱他们。孩子因为父母笨、父母穷、父母土而不爱他们，会被鄙视。同理，父母因此对孩子，难道不应被鄙视吗？

你认为爸爸应该努力做到更公平，我支持你。

接下来，我要求你当一个公平的人，你一定不会反对。

你公平吗？我认为你很不公平，比你爸爸更不公平。

我有证据。你说“妈妈和其他家人都对我很好”，妈妈和其他家人爱你，对你公平。你的那些不好的想法（更别说付诸实施）让他们痛苦、恐惧，甚至会毁了妈妈的一生，这难道不是对他们的极大不公平吗？一个得到了妈妈爱的孩子，应该在任何逆境下都更顽强，才算得上公平地报答妈妈。更别说你是男孩子，将来是男人，要保家，要卫国。

希望你和爸爸一起努力，都当公平的男人。

祝开心。

连岳

有些孩子是能引领父母的

| 2024-10-13

连岳叔叔：

您好！

我是一名小学四年级的女生，这次想请教您的问题，主要有两个：一、怎么能管理住自己的情绪；二、怎么能做到写作业时听爸爸安排，没有偷懒的想法。

我的家庭成员主要有妈妈、爸爸、外婆和我，学习上爸爸管我比较多。我在班里的成绩也还可以，可以排到全班前五名左右（我们班一共四十五人）。爸爸早上七点就去上班了，下午六点多回来，他到家的第一件事就是检查我的作业，我妈妈常说他三句话不离作业。爸爸非常严厉，有一次我有一张卷子扣了五分以上，大概是六七分左右，他刚回到家，就指责我说："错这么多？！以后的卷子只能错五个以内。"当时我非常生气，直接跟他吵了一架。之后这样的情况越来越多,最多的一个星期,我每天都会跟爸爸顶嘴。我非常讨厌自己这样,但是每次又控制不住自己。

还有就是我写作业的时候,有时会觉得非常累,爸爸叫我做这做那的时候,我老是说累了,做不动。只要我那么说,他就生气。我知道他每天上班很累,所以我能理解他,但是每次又会非常不情愿地写作业,只要那样,我就会错非常多,而他就会骂我。请问连叔,我该怎么办呢?

以上长篇大论,希望能得到回复。祝连叔万事如意,身体健康!

想当光的女孩

* * *

想当光的女孩:

你成绩一直排在班级前10%左右,你已经做得很好了,你爸爸应该给你更多鼓励,这是他应该改进的地方。

但是,存在一个可能,你爸爸就是没有改进,仍然对你很严格,怎么办?

首先判断一下,你的爸爸是不是个负责任的爸爸?人最难做到的是负责任。他每天早上7点去上班,下午6点多下班回家检查你的作业。工作之余就是家庭,很负责任了。很多他这个年纪的父亲，下班后爱和朋友聚会玩乐，或者回家了也是打游戏刷短视频。让他们天天检查孩子的作业，他们会烦躁，觉得生活没意思。你的爸爸，也在爸爸中排前10%左右，也应该得到你更多的鼓励。某种程度上说，成绩好的孩子，后面往往都有爸爸妈妈负责任的功劳，毕竟，没有监督、没人立规矩，成绩还好的孩子，那得靠出色的天分，没几个人有这种天分。绝大多数孩子，爸妈负责任一点，他们的表现就好一点，爸妈不负责任，他们的表现就差一点。你的爸爸是个负责任的好爸爸，这是个大前提。

人一生要处理两种人与人的关系，一是敌我关系，二是亲我关系。敌我关系，比如对方是侵害自己的罪犯，是侵略祖国的侵略者，那应该对他们非常冷酷。人若犯我，我必犯人，以牙还牙，以血还血。亲我关系则不同，面对爱你的家人与朋友，要温暖，要宽容。“仁者，人也，亲亲为大。义者，宜也，尊贤为大”——这是亲我关系的原则。亲爱自己的亲人，这是仁的基本；尊敬优秀的朋友，这是义的基本。做好这两点，一个人很难不优秀、不幸福。有些人刚好相反，对负责任的亲人，不看他们的主流优点，而是抓住他们的支流缺点，甚至无穷尽地揪住他们难免的“错事”与“错话”，声称“童年阴影”“原生家庭伤害”，甩锅给他们，与他们进行大对抗；对优秀的朋友，不是学习、亲近，而是生出嫉妒与仇恨。

这就把亲我关系变成了敌我关系，这是在自毁。这样的人绝不可能变优秀，更不可能幸福。

负责任的爸爸，更容易被孩子怨恨，因为他会监督、指正、批评孩子，因为他事情做得更多，相应也就错得更多。不负责任的爸爸让孩子随便玩、随便吃，看到孩子身上的问题也不指导、不纠正，无法从长远角度看问题的孩子肯定喜欢。负责任的爸爸妈妈，往往体现为不怕孩子一时怨恨。再过10年，你可能会很喜欢你爸爸；再过20年，等你有了孩子，你会很佩服你爸爸。在当下，我觉得，多宽容他一点，他检查出错题，不顶嘴，马上订正，主动配合，不对抗，他的情绪也会得到缓解。虽说在亲子关系中，父母作为成年人，应该主动调整，但也没说特别聪明的孩子不能主动调整，不能把控走向。有些孩子，是能引领父母的。说不定，你就是其中一个。

祝开心。

连岳

7

我听到美好的悸动

爱是一颗蛋，既简单，又复杂

| 2024-03-11

岳叔：

我今年初三了，在深圳这边有些学校已经开始“密考”，我也很荣幸被深圳的重点高中提前录取了（即中考无论考得如何都可以上好高中）。

这学年，我发现我渐渐喜欢上了我们班的一个女生。她很特别，成绩比我好些，但是她没有参加过“密考”，所以考重点高中有些难度。我是一个平时大大咧咧，在爱情方面却比较胆怯的人。上个学期她就是我的同桌了，刚开始我们都有些羞怯，只是对视几秒就会各自偷笑起来。后来，我发现她开始放得开了。在我的认知中她是一个在男生面前比较注重形象的人，可是她竟会在我面前撒娇，这让我这个大大咧咧的人有些束手无策。

那段时间真的很快乐，但是到了这个学期，经过位置调整，我俩没坐到一起，这让我一时无法适应。这个学期刚开学那会，她还主动找我聊天。要知道我们这里怕被同学误会，女生和男生很少会聊天。换完座位我也不敢主动去找她，就这样，我俩渐渐交流少了，好比在热恋中分手了一样，我只敢远远地看着她，她也是看着我不上前，我俩像是进了一个尴尬期，没有再聊过一句话。我现在有时上课也会想着她，回家也想，她估计不会想到会有一个男孩那么想她。

我知道一点关于爱的道理：爱人先爱己。我减少熬夜，努力学习，坚持锻炼。因此，我的样貌和气质也改变了不少。我知道给她一个没有打扰的学习环境是很重要的，所以我在她学习时很少打扰她。与她做同桌时，她上课睡着了我都会叫醒她，让她好好听课。现在换完座位后我竟不知道能帮她什么……

我知道我们之后会去不同的学校，可是我想如果她也喜欢我的话，也不会就这样算了吧。我真的不知道现在得做些什么，如果有我能做的，可以告诉我吗？谢谢聆听。

陷入爱的男孩

* * *

陷入爱的男孩：

你到目前做得很好，你的行为契合爱的本质。爱很简单，就是相爱的两个人都变好，我要变好，你也要变好。只有一个人变好，我变好，你变不好，或者你变好，我变不好，就不是爱，是害。

第一次产生爱情，也是人第一次深刻地学习换位思考。虽然父母从小爱孩子，但孩子能够换位从父母角度思考的，不多，因为孩子本能地知道，父母是不会抛弃自己的，所以他们有恃无恐。身体成熟后产生的对一位异性的爱，则完全不同。我们会站在对方的角度看自己是不是值得爱。这会让我们做出两个行动：一是努力提升自己，展示更多优点；二是努力证明自己能够提升对方。这是思考与行动的飞跃。两个人相处使两人都变得更好，这在我们的传统中，叫作“仁”。真爱成仁。一个人能在爱中习仁，推而广之，他就能处理好一切与他人的关系。

有些家长与老师，害怕或禁止青春期的孩子产生感情，是不科学的，也是不明智的，这等于剥夺了孩子的学习机会。并非只有获取知识才是学习，解决成长过程中面临的每一件事，也是学习。

孩子间的感情，青涩、易逝、易变，但经历过，爱的本质就刻在了心间。人一长大，就会变复杂。这也是正常的，世界本身是复杂的。不懂爱的人，这时候容易把爱情复杂化、功利化——关于物质方面的算计很多——掉入既要又要还要的贪婪之中。我爱你，变成我只要获得，不要付出；我只要权利，不要义务；我只要摘果子，却不要劳作；只能我提要求，你只能服从；你要很有钱，我才可以毫无风险；我可以变得更好，你却不能通过我变好。以这种损人之心去求人爱自己，怎么可能成功呢？不仁者不会爱人，也不可能被人爱。仁者爱人，爱必有仁。爱是建立在对等基础上的：我好，也必让你好。

对成年人来说，爱当然需要一定的物质基础，但这物质基础普通人都可以获得——只要两人有工作即可（或者其中一人有一份收入高的工作也可以）。爱就是一颗蛋，物质基础像是蛋的外壳，仁义的两人才是蛋的核心。蛋不能没有壳，但更重要的是里面的人与仁。只有物质的外壳，里面的人不仁，这颗蛋就是臭的，孵化不出新生命。

恭喜你在第一次心动中做对了一切。现在很难失联，她以后即使没和你读同一所高中，你也可以很容易地得到她的联系方式。继续以“我要为她更好，我要使她更好”的宗旨走完高中，那么，这段感情无论是逐渐变淡消失，还是日愈加深成功，你们都会成为更好的两个人。

祝开心。

连岳

青春之恋的表白，却被女同学嫌丑嫌穷

| 2024-04-11

连叔叔：

展信佳！我和妈妈都是您的忠实读者。最近我遇到了让我很迷茫的事情，美其名曰“青春的迷茫”，求助完身边的朋友之后发现依旧没有找到最优解，所以希望听听您的建议。

先介绍一下我的基本情况吧。我是一名高二的学生，就读于一线城市的重点高中。作为一名独生子，父母对我寄予了很高的期望。在紧张而丰富的高中生活里，我遇到了一个女生。

说起来幸运，我们是扩列认识的，作为两个“E人”，我们很快熟识起来，并且发掘了很多话题，从每天班上发生的趣事到未来大学的理想目标，从学习方法到对人际的思考。我们也会互相推荐歌、餐厅，互相借书，交流电影，性格上也特别契合，彼此都很坦诚。发生过矛盾但总能很快地解决，然后和好如初。在寒假的时候，我发现我好像对她有不一样的情感，也就是，喜欢。

我把这个想法告诉了她，询问是否能更进一步。幸运的是，她也喜欢我。但我们并没有像电视剧里演的那样发展，她跟我表达了她的顾虑。第一，她并不喜欢舆论。事实上她是个长相很不错的女孩子，但我的外貌达不到她周围人认为的她应该找的对象的标准，这样别人在背后难免会议论，以至于让她压力匪浅。第二，来自父母的压力。其实我们双方父母都是比较开明的人，并没有反对谈恋爱，但是她们家经济条件比较好，相比之下我的家庭条件就平庸了很多。她的父母大概率不赞成我们在一起，因为不是门当户对。得不到父母的支持，她的顾虑就更重了。事实上我们在日常或者外出游玩时都不会因消费而产生分歧，不会存在谁欠谁人情的情况。

我完全理解她的想法，也尊重。但是我希望未来能够靠自己的实力去达到她的要求，克服这个现实因素。不过，虽然这个时代机遇很多，但我担心即使努力最后终究还是和她错过。我真的很珍惜这个女孩子，我们也都很喜欢彼此，觉得性格那么契合真的很幸运。所以我们不想本着明知道最后一定会因为现实因素分开还选择在一起，我们宁可继续做朋友。在我的经济能力达到要求之前，她应该也等不起吧，大概率只能另寻他人了。

这本是大人才会考虑的事情，外貌和家境都是很难改变的现实因素。但是我们都觉得既然要选择在一起，没有什么大问题就不会轻易分开，要认真对待这份感情，我们不是为了获取短暂的快感。不过似乎门当户对在社会上也是个很重要的原则。纠结了很久，我能想到的解决方案总是觉得不够周全，所以连叔叔，我们应该怎么做才最好呢？

祝连叔叔工作顺利，万事胜意！

敬颂时祺！

迷茫的高中生

* * *

迷茫的高中生：

这位长相很不错、家境比你富裕的女同学，其实已经拒绝了你，而且理由很伤人，一是觉得你丑，二是嫌弃你穷。所以，不存在是否继续的问题，被粗暴拒绝到这种程度，还在想着未来如何与她发展，那是单相思，没有结果的。

高中生的表白，往往也是人生第一次表白，被拒绝，是人生的一次大挑战。不少人悲伤低落，自怨自艾，一蹶不振的也有。我看你情绪很稳定，没几个人受得了的粗暴拒绝，对你没什么杀伤力。这种皮实的、不脆弱的心性，是人生的大资产，因为人的成长，总要经历很多打击与否定，太脆弱，太容易受伤，那再帅再富再聪明，也走不了多远。从这点来看，你这次被粗暴拒绝，也有好处，测出了你非同一般的心理素质。

高中生的恋情，基本就是单纯的喜欢。像这位女同学一样比较双方家庭财产的，罕见。怎么说呢，给人一种未老先衰的感觉。也说明极端的功利主义、算计心态已经开始影响一些青少年了。在极端的功利与算计下，是不可能产生什么美好感情的。诚然，人得吃饭才能活，人天天需要睡觉，要有房子，人的生活离不开物质，离不开利。成年人成家，会考虑是否具备基本的物质条件。但只算计物质，不考虑人品，不愿意承担任何一点风险（未来是不确定的，不确定则意味着一定的风险），事事不能吃亏，必要占到便宜，这又走到了另一个极端，见物不见人。这种人很乏味、很无趣、很软弱，没有爱人的能力，也不可爱，尤其是青春一过，外形的吸引力消失后，更如枯木朽骨，令人避之唯恐不及。中国的传统始终强调“义利平衡”“义在利先”，没有义对利的主导与控制，极端的功利主义就会毁掉人性、爱情、家庭与国家。没有这么辩证的义利观，我们的文明是不可能延续这么久的。

不要因为一次拒绝而否定自己的家庭，父母把你养大，送你读书，尽了责，家境普通并不是错。普通家庭是多数。更不要给自己的未来设限，你才高二，大丈夫一生，大可立德、立功、立言，小可尽责、尽职、尽心，无论命运让我们是大是小，是达是隐，我们必然都可以成为一个可爱的人，必然有好姑娘看得到这可爱。

祝开心。

连岳

我听到美好的悸动

| 2024-05-08

尊敬的连岳叔叔：

我是一名高二的学生。

最近我喜欢上一个男生，他是我们班数学课代表（我们班是文科零班，大家成绩都挺好的）。

我为什么喜欢他呢？

他的名字很好听，人长得也挺好看——皮肤不白，小麦色，但配上他立体的五官，竟一点都不土气。

更重要的是，他在早读、晚读、晚自习等时候，学习效率很高，且遇到难题不会退缩，比如他可以为了一道数学题苦思冥想很久，因此他成绩也蛮不错的。

其实，我斜后方的男孩子长得也很帅，而且会弹吉他、写书法，唱歌也很好听。不过相比之下，他上课比较爱走神，早读的时候不是很投入。我之前因为斜后桌多才多艺，短暂地喜欢过他，不过后面发现他爱走神后，就没那么喜欢他了。

喜欢上现在这个数学课代表之后，我每次提笔，想到他叮嘱我们好好写数学作业的样子，都会认真一些。

至于谈恋爱，我感觉我们没有可能。因为那太影响学习了。而且我认为目前表白什么的会很尴尬，远比不上平时正常打打趣聊聊天的快乐，还不如让这份小心思藏在心里，时不时激励一下我。此外，我并非温柔可爱的女生，容貌也不算出众，甚至干过两件傻事，他大概率对我没啥感觉。那两件傻事其实挺有趣的，记录一下：

第一件——

我是英语课代表，负责收买教辅书的钱。那次，他交钱时眼睛可能有点不舒服，挤了挤眼。当时我们刚分完班，我没意识到彼此其实不熟，当时就乐呵呵地指着他叫："他 wink 了！"周围人（都是我们的熟人，但是我们两个不熟）就开始笑。我只觉得很好玩，直到中午放学的时候，我才在朋友的提醒下意识到自己刚刚的行为让对方很尴尬。不过后面我买了巧克力去跟他道歉，他也挺大度，没有计较。后面这还成了我们班一个小小的梗——"一 wink 解千愁"，哈哈哈哈。

第二件——

我们语文老师要求我们轮流在黑板上写粉笔字，由他点评，以让我们认识到自己书写上的不足。

那天我值日，一不小心把他花了十几分钟写上去的字擦了。原因是，他的字混在乱糟糟的板书里，我一开始以为是我斜后桌写着玩的（斜后桌经常这么干）。

其实这件事也不能全怪我，假如他写字的时候看到黑板那么乱，稍微擦出一块整齐的空白，或许我就不会不过脑子地擦掉了！

不过这一次危机公关，我自认为处理得还不错——上课前，他再次去写字，但一副又气又无奈的样子，迟迟不肯下笔，于是我去和他商量："再过几分钟就上课了，不如让我先把这次写掉，你找时间充足的一天写？正好上次轮到我的时候，老师忘记点评了。"他同意了。

哎呀，那天我两分钟写完的字居然被老师表扬了（小小炫耀一下，哈哈哈哈，其实我的书写在老师看来一直是比较乱的），回头看看他，感觉他有点哭笑不得。

后面我又买了小小一瓶奶去补偿他，再加上他后来写的字也被表扬了，这件事就算过去了。

让我真正心动的，是五一放假前的那个晚上。

我们班的人数只有二十出头，他没有同桌，一个人坐。当时老师给我们放了一晚上的视频，他觉得一个人坐没意思，凑巧我后桌请假，他就坐到我后面来了。我觉得我认识的几个男孩子，包括他，都很幽默，鬼点子特别多，总是让人想笑。而且我一回头就可以看到他的眼睛，越看越觉得他好看，忍不住犯起花痴。唉！

我自小格外向往romance，不过也只是想想罢了。现阶段我没能力也没时间去做romantic的事。不过我哪天改主意了，也说不定。先不管了，顺其自然！

刚刚不想写作业，又很无聊，所以写了这一封信。目前倒没什么问题想要问，只是想记录，顺便分享一下这一份小小的悸动。

马上我就要去写地理卷子了。这个假期是我时间安排最合理的假期之一——想到他也在家好好学习，我不得不加把劲呀。有了想看到他的愿望，上学都变成值得期待的事了！加油哇！

感谢您的倾听！

星星的朋友

* * *

星星的朋友：

感谢你的述说，我听到了，感动了，也回想了一下自己的一些高中片段。我高中也喜欢上了一个同学，至今，我们一起度过了近40年的人生时光。

一代更比一代强。你处理青春期朦朦胧胧的爱，克制、从容、大方。我觉得可以给你打90分。没打100分，是因为感情的事情无满分，人生诸事也是无满分的。

你理性与感性平衡得好，会因为斜后方的男生帅而动心，但会因为数学课代表学习更专注而更倾心于他。一个人的品格与内在重要于其外形，了解这点，并遵守这点，理性才能在爱情中发挥重要作用；否则，只有感性，只盯着外在，收获的基本就是伤心与悲剧。人一到中年，外在基本就没什么可炫耀的，那时候，没有内在，人生与爱情的长路就难走了。许多成年人，在择偶时，也无限强调外在，在身高、收入、学历上斤斤计较，对内在反而无所谓，这就是爱情的买椟还珠。

你很善于管控分歧，化解误解。人与人不同，我与你不同，此时此地与彼时彼地不同，这注定人们传递的信息会产生变形与误解。有好感的两人，相爱的两人，又需要传递大量的信息，相应地，变形与误解也更多。不会管制分歧，无法及时化解误解，往往是感情失败的重要原因——两人都是好人，就是因为爱赌气，又不解释，坏情绪加码，小事搞成大事，最后莫名其妙分手。这么莫名其妙两三次，青春就结束了，爱情的限额也用完了。你虽然只是个高二的孩子，但是会在让人尴尬后，送巧克力道歉，误擦板书后随机应变，又送一瓶牛奶补偿。对你来说，误解、分歧、失误，不仅不是事，还给你提供了进一步升华感情的机会，坏事都变成了好事。这就是高情商，也是高智商。

记住以上两个本事，你以后的感情之路，一定会走得顺利的。

我觉得，你也给家长们、老师们上了一课。不少家长老师，害怕读高中的孩子们“早恋”。心情我可以理解，他们以为这将影响学习。但是高中生都发育成熟了，产生感情是自然而然的事，他们这年纪，在古代都成家了，现在的孩子难道不如古人？有几个成年人处理感情能比今天这个高二女生高明？强行制止，或者污名化感情，暂时或许有用，但负作用太大，孩子们以后可能真的就不会恋爱了，或者害怕恋爱了。孩子会读书，但是和人沟通困难，更不会恋爱，这绝不是教育的成功。这种人生的幸福度远不如一个成绩虽然不好，但是人情练达、恋爱婚姻顺利的孩子人生幸福度高。所以，孩子身体成熟，产生感情时，还是要以引导和尊重为主，只要孩子有尊重异性、保护自己的原则与常识，就要相信他们，也要相信爱情。

祝开心。

连岳